普通中等专业教育机电类规划教材

机械加工基础习题册

主编 马幼祥
参编 郑 勐 黄天荧
　　　赵志超 许小玲
　　　吕玉清
主审 林从滋

机械工业出版社

《机械加工基础习题册》依据教学大纲的内容和要求,覆盖教材的主要内容。内容上,易于巩固理论所介绍的基本知识,按基本知识与常用量具、金属切削基本知识、工件的装夹、车削加工、铣削加工、刨削加工、磨削加工、其它加工(钻、镗、齿轮加工)方法及零件加工工艺顺序编写。

习题册从打好基础入手,突出实习教学的特点,尽量反映实习中要掌握的基本知识和一定操作技能,为今后的进一步学习专业知识和提高技能打下基础。

习题册的题型包括:填空、选择、判断、名词解释、问答(计算)等题型。为了使用方便,每题均留有适当的空位,供学生书写答案。本习题册也可作为职业中学和在职职工培训使用,既可供学生课堂练习、做作业用,也可供考试命题参考。

图书在版编目(CIP)数据

机械加工基础习题册/马幼祥主编. ——北京:机械工业出版社,1999.5(2023.9重印)

普通中等专业教育机电类规划教材

ISBN 978 - 7 - 111 - 06883 - 9

Ⅰ. 机... Ⅱ. 马... Ⅲ. 机械加工—专业学校—习题 Ⅳ. TG5 - 44

中国版本图书馆 CIP 数据核字(2002)第 043096 号

机械工业出版社(北京市百万庄大街 22 号 邮政编码 100037)
责任编辑:崔占军 冯春生 版式设计:霍永明
责任校对:张晓蓉 封面设计:姚 毅 责任印制:张 博
北京建宏印刷有限公司印刷
2023 年 9 月第 1 版第 17 次印刷
130mm×184mm・3.875 印张・81 千字

标准书号:ISBN 978 - 7 - 111 - 06883 - 9
定价:20.00 元

电话服务	网络服务
客服电话:010-88361066	机 工 官 网:www.cmpbook.com
010-88379833	机 工 官 博:weibo.com/cmp1952
010-68326294	金 书 网:www.golden-book.com
封底无防伪标均为盗版	机工教育服务网:www.cmpedu.com

前　言

本书是根据中等专业学校"机械加工基础"课程教学大纲编写。本书作为机械制造专业"机械加工基础"课程的辅助教材，供该课程在教学实习和理论教学课内外练习之用，也可供职业中学和职工培训使用。

习题册根据教材章节顺序编写，题型有填空、选择、判断、名词解释、问答题、计算题及综合题，可供学生课堂练习，课外作业用，也可供教师命题参考。

本书由咸阳机器制造学校马幼祥主编，西安仪表工业学校郑勐(第二、三章)、广西机械工业学校黄天荧(第五章)、山东省机械工业学校赵志超(第六章)、武汉市仪表工业学校许小玲(第七、九章)、廊坊市工业学校吕玉清(第八章)参编，其余部分由马幼祥编写，由北京市机械工业学校林从滋主审。

本书在编写过程中，编者得到董宏骏、吴思德、范光松老师及有关部门和学校的大力支持和热情帮助，特此致谢！

由于时间仓促，编者水平有限，不妥之处与错漏之处在所难免，恳请读者批评指正。

编　者

目 录

前言
第一章 基本知识与常用量具 ……………………………………… 1
　一、公差与配合 …………………………………………………… 1
　　(一)填空题 ……………………………………………………… 1
　　(二)选择题 ……………………………………………………… 2
　　(三)判断题 ……………………………………………………… 3
　　(四)名词解释 …………………………………………………… 3
　　(五)问答题 ……………………………………………………… 4
　二、形位公差 ……………………………………………………… 4
　　(一)填空题 ……………………………………………………… 4
　　(二)选择题 ……………………………………………………… 5
　　(三)判断题 ……………………………………………………… 6
　　(四)名词解释 …………………………………………………… 6
　　(五)问答题 ……………………………………………………… 6
　三、表面粗糙度 …………………………………………………… 9
　　(一)填空题 ……………………………………………………… 9
　　(二)选择题 ……………………………………………………… 10
　　(三)判断题 ……………………………………………………… 10
　　(四)问答题 ……………………………………………………… 11
　四、常用量具 ……………………………………………………… 12
　　(一)填空题 ……………………………………………………… 12
　　(二)选择题 ……………………………………………………… 14
　　(三)判断题 ……………………………………………………… 15

(四)名词解释 ………………………………………… 17
　　(五)问答题 …………………………………………… 17
　五、常用金属材料 ……………………………………… 18
　　(一)填空题 …………………………………………… 18
　　(二)选择题 …………………………………………… 18
　　(三)判断题 …………………………………………… 19
　　(四)名词及牌号解释 ………………………………… 19
　　(五)问答题 …………………………………………… 19
第二章　金属切削的基本知识 …………………………… 20
　　(一)填空题 …………………………………………… 20
　　(二)选择题 …………………………………………… 22
　　(三)判断题 …………………………………………… 26
　　(四)问答题 …………………………………………… 27
　　(五)综合题 …………………………………………… 28
第三章　工件装夹 ………………………………………… 32
　　(一)填空题 …………………………………………… 32
　　(二)选择题 …………………………………………… 34
　　(三)判断题 …………………………………………… 38
　　(四)问答题 …………………………………………… 40
　　(五)综合题 …………………………………………… 42
第四章　车削加工 ………………………………………… 45
　　(一)填空题 …………………………………………… 45
　　(二)选择题 …………………………………………… 51
　　(三)判断题 …………………………………………… 54
　　(四)名词解释 ………………………………………… 55
　　(五)问答题 …………………………………………… 56
第五章　铣削加工 ………………………………………… 60
　　(一)填空题 …………………………………………… 60
　　(二)选择题 …………………………………………… 63

- (三)判断题 ………………………………………… 66
- (四)名词解释 ……………………………………… 69
- (五)问答题 ………………………………………… 69
- (六)计算题 ………………………………………… 70

第六章 刨削加工 …………………………………… 71
- (一)填空题 ………………………………………… 71
- (二)选择题 ………………………………………… 73
- (三)判断题 ………………………………………… 75
- (四)名词解释 ……………………………………… 76
- (五)问答题 ………………………………………… 76
- (六)计算题 ………………………………………… 77

第七章 磨削加工 …………………………………… 78
- (一)填空题 ………………………………………… 78
- (二)选择题 ………………………………………… 82
- (三)判断题 ………………………………………… 83
- (四)名词解释 ……………………………………… 84
- (五)问答题 ………………………………………… 84
- (六)计算题 ………………………………………… 87

第八章 其它加工方法简介 ………………………… 88
- (一)填空题 ………………………………………… 88
- (二)选择题 ………………………………………… 90
- (三)判断题 ………………………………………… 91
- (四)名词解释 ……………………………………… 92
- (五)问答题 ………………………………………… 93

第九章 零件机械加工工艺 ………………………… 102
- (一)填空题 ………………………………………… 102
- (二)选择题 ………………………………………… 104
- (三)判断题 ………………………………………… 107
- (四)名词解释 ……………………………………… 109

(五)问答题 …………………………………………… 110
(六)计算题 …………………………………………… 116
参考文献 …………………………………………… 116

第一章 基本知识与常用量具

一、公差与配合

(一)填空题

1. 用特定单位表示长度值的数字称为_____,它由_____和_____两部分组成。

2. 设计时给定的尺寸称为_____。

3. 某一尺寸减其基本尺寸所得的_____称为尺寸偏差。

4. 极限尺寸中的两个界限值中较大的一个称为_____,较小的一个称为_____。

5. 尺寸偏差简称_____。它包括_____和_____;而极限偏差又包括_____和_____。

6. 零件的尺寸合格,其实际尺寸应在_____和_____之间。其_____应在上偏差和下偏差之间。

7. 尺寸公差简称公差,它是指_____。

8. 公差带包括公差带_____和公差带_____两要素。

9. _____确定公差带位置,_____确定公差带大小。

10. 孔、轴公差带是由_____和_____确定的。

11. 基本偏差是指上偏差或下偏差,一般指靠近_____的那个偏差。当公差带位于零线以上时,_____为基本偏差,当公差带位于零线以下时,_____为基本偏差。

12. 标准公差的代号由_____与_____两部分组成。标准公差共分_____级,其中_____精度最高,_____精度最低。_____至_____用于配合尺寸,_____至_____用于非配合尺寸。

13._____相同的,相互结合的孔和轴_____之间的关系,称为配合。配合分_____、_____和_____三种。

14.基孔制的孔称为_____,其代号为_____。它的基本偏差为_____,其数值为_____。

15.基轴制的轴称为_____,其代号为_____。它的基本偏差为_____,其数值为_____。

16.现行国家标准规定的孔、轴基本偏差各有_____种。其基本偏差代号是孔用_____拉丁字母表示,而轴用_____拉丁字母表示。

17.基轴制是将基本偏差为一定的_____公差带,与不同基本偏差的_____的公差带形成各种_____的一种制度。

18.配合代号在图样上写成_____形式,孔公差带代号在_____上,而_____是轴的公差带代号。

19.$\phi 3 \dfrac{H7}{m6}$中分数式为_____代号,分母是_____代号,分子是_____,此配合为_____制_____配合。

20.$\phi 50 \dfrac{F6}{h7}$为_____制配合,h是_____代号,F是_____代号。

21.现行国家标准规定,未注公差尺寸可以在_____至_____的公差等级中任意选择。一般孔用_____轴用_____,长度用_____。

(二)选择题(把正确答案填在空格内)

1.允许尺寸变化的两个界限值称为_____。
   (a)基本尺寸;(b)实际尺寸;(c)极限尺寸

2.尺寸偏差是_____。

(a)绝对值;(b)正值;(c)负值;(d)代数值

3．最大极限尺寸减其基本尺寸所得的代数差叫_____。

(a)实际偏差;(b)上偏差;(c)下偏差

4．可能具有间隙或过盈的配合称为_____。

(a)间隙;(b)过渡;(c)过盈

5．公差带的大小由_____确定。

(a)实际偏差;(b)基本偏差;(c)标准公差

6．确定两个基本尺寸的尺寸精确程度,是根据_____。

(a)两尺寸的公差大小;(b)两尺寸的公差等级;(c)两尺寸的基本偏差

(三)判断题(正确用√,错误用×)

1．零件装配时不需任何修配和调整就能顺利装配的性质称为互换性。（　）

2．设计给定的尺寸称为基本尺寸。（　）

3．如果某一零件正好做到基本尺寸,那么该零件必然是合格品。（　）

4．实际尺寸减其基本尺寸的代数差就称为尺寸偏差。（　）

5．公差值没有正负,是绝对值。（　）

6．公差与配合图解中的零线即表示基本尺寸线。（　）

7．孔的公差带与轴的公差带相互交叠的配合为过渡配合。（　）

8．靠近零线的那个极限偏差一定是基本偏差。（　）

9．孔的基本偏差代号用小写拉丁字母表示。（　）

10．公差带代号是由基本偏差代号与公差等级数字组成。（　）

(四)名词解释

1. 互换性
2. 基本尺寸
3. 实际尺寸
4. 极限尺寸
5. 公差等级
6. 标准公差
7. 基本偏差
8. 极限偏差

(五)问答题

1. 什么叫尺寸偏差？什么叫尺寸公差？
2. 什么叫极限尺寸？如何根据图样标注的尺寸偏差求最大、最小极限尺寸？
3. 什么叫间隙配合？什么叫过盈配合？什么叫过渡配合？在三种配合中，孔、轴的公差带相互位置怎样？
4. $\phi50F8$、$\phi10cd7$ 表示什么含义？
5. 已知基本尺寸为 $\phi12mm$ 的孔，其最大极限尺寸为 $\phi12.011mm$，最小极限尺寸为 $\phi12.000mm$，试求其上、下偏差和公差各为多少？
6. 已知基本尺寸为 $\phi60mm$ 的轴，其上偏差为 $+0.009mm$，下偏差为 $-0.021mm$，试求其最大极限尺寸、最小极限尺寸和公差各为多少？

二、形位公差

(一)填空题

1. 形状和位置公差简称_____。
2. 国家标准规定，形位公差共有_____个项目，其中形状公差_____项，位置公差_____项。

3. 位置公差分_____、_____和_____。

4. 形位公差代号包括：形位公差_____；形位公差_____；形位公差数值和_____。

5. 基准代号由_____、_____、_____和_____组成。

6. 构成零件几何特征的_____称为要素。

7. 零件的几何要素，按存在的状态分为_____和_____；按在形位公差中所处的地位分为_____和_____；按几何特征分为_____和_____。

8. 被测要素分为_____和_____两种。

9. 当被测要素为中心要素时，形位公差代号的_____应与该要素的尺寸线_____。

10. 如果被测实际要素与其_____能完全重合，表明形状误差为零。

11. 用于限制实际要素变动的区域称为_____。

12. 被测实际要素在_____内（或之间）为合格，反之为不合格。

(二)**选择题**(把正确答案填在空格内)

1. 给出了形状或(和)位置公差的点、线、面称为_____要素。
   (a)理想；(b)被测；(c)基准

2. 定向公差包括_____个项目。
   (a)三；(b)六；(c)八

3. 同轴度属于_____公差。
   (a)定向；(b)定位；(c)跳动

4. 位置公差的框格为_____格。
   (a)二；(b)三；(c)2～5

5. 在图样上框格不_____放置。

(a)水平;(b)垂直;(c)倾斜

6.基准代号不管处于什么方向,圆圈内字母应_____书写。

(a)水平;(b)垂直;(c)任意

(三)判断题(正确用√,错误用×)

1.形位公差就是限制零件的形状误差。（　）
2.实际要素对理想要素的偏离量即为形位误差值。（　）
3.单一要素对其它要素是没有功能要求的。（　）
4.理论正确尺寸就是表明该尺寸为绝对正确的尺寸。（　）
5.当被测要素的给定公差值注为 ϕt 时,其公差带为圆或圆柱。（　）
6.形状公差的框格为2~5格。（　）
7.基准代号圆圈内的字母可采用任意拉丁字母。（　）
8.圆柱度公差即实际圆柱面对理想圆柱面所允许的变动全量。（　）
9.平行度公差即被测要素对基准在平行方向上所允许的变动全量。（　）
10.同轴度即实际轴线的变动量。（　）

(四)名词解释

1.基准要素
2.形状误差
3.形状公差
4.位置误差
5.位置公差

(五)问答题

1. 将图 1-1 中各形位公差框格所表示的含义分别填在下面表图 1-1 表格中。

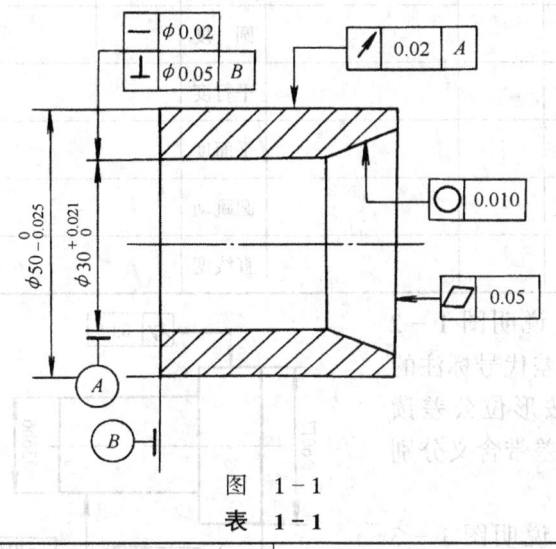

图 1-1

表 1-1

序 号	形位公差框格	含 义
1	— ϕ0.02	
2	⌓ 0.05	
3	○ 0.010	
4	↗ 0.02 A	
5	⊥ ϕ0.05 B	

2. 在表 1-2 中填写出形位公差各项目的符号,并注明该项目上属于形状公差,还是属于位置公差。

表 1-2

项目	符号	形位公差类别	项目	符号	形位公差类别
同轴度			圆 度		
圆柱度			平行度		
位置度			平面度		
面轮廓度			圆跳动		
全跳动			直线度		

3. 说明图 1-2 形位公差代号标注的含义(按形位公差读法及公差带含义分别说明)。

4. 说明图 1-3 中形位公差标注的含义。

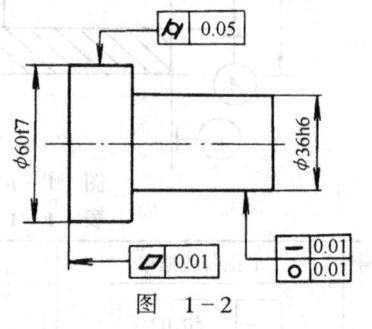

图 1-2

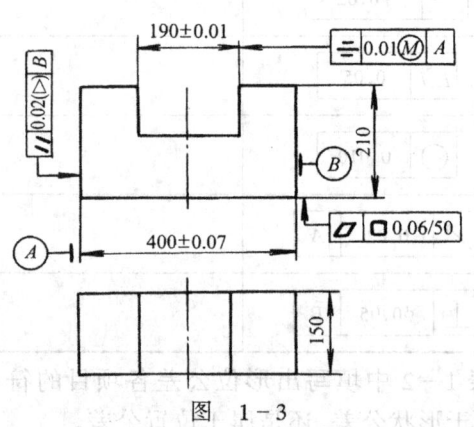

图 1-3

5. 识读图 1-4 中形位公差标注,按要求填空:

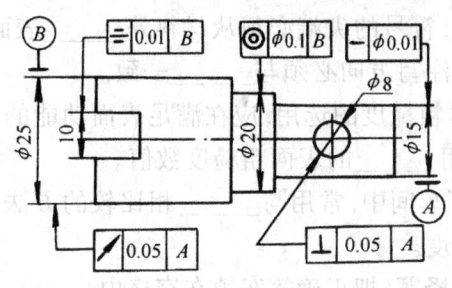

图 1-4

(1) | ∕ | 0.05 | A | 被测要素:_____;基准要素:_____;公差带形状_____。

(2) | = | 0.01 | B | 被测要素:_____;基准要素:_____;公差带形状_____。

(3) | ◎ | φ0.1 | B | 被测要素:_____;基准要素:_____;公差带形状_____。

(4) | ⊥ | 0.05 | A | 被测要素:_____;基准要素:_____;公差带形状_____。

(5) | — | φ0.01 | 被测要素:_____;基准要素:_____;公差带形状_____。

三、表面粗糙度

(一)填空题

1. 表面粗糙度是指_____所具有的_____和_____不平度。

2. 轮廓算术平均差用_____表示;微观不平度十点高度用_____表示;轮廓最大高度用_____表示。

3．表面粗糙度代号在图样上应标注在_____、_____或其延长线上,符号的尖端必须从材料外_____表面,代号中数字及符号的注写方向必须与_____一致。

4．表面粗糙度的选用,应在满足表面功能的要求的情况下,尽量选用_____的表面粗糙度数值。

5．工厂车间中,常用与_____相比较的方法来检验零件表面的粗糙度。

(二)选择题(把正确答案填在空格内)

1．表面形状波距_____1mm 的属于表面粗糙度范围。
(a)大于;(b)等于;(c)小于

2．国家标准推荐一个评定长度一般要取_____个取样长度。
(a)4;(b)5;(c)6

3．在基本评定参中标准推荐优先选用_____。
(a)R_a;(b)R_z;(c)R_y

4．零件上某些表面,其表面粗糙度参数值要求相同时,可加"其余"字样统一标注在图样的_____。
(a)下方;(b)左上角;(c)右上角

5．表面粗糙度代号标注中,用_____参数时可不用注明参数代号。
(a)S;(b)R_z;(c)R_a;(d)S_m

(三)判断题(正确用√,错误用×)

1．表面粗糙度属微观几何形状误差。　　　　　　　　(　)
2．表面粗糙度量值越小,即表面光洁度越高。　　　　(　)
3．表面越粗糙越不容易生锈。　　　　　　　　　　　(　)
4．任何零件都要求表面粗糙度的量值越小越好。　　　(　)
5．表面粗糙度的评定参数有六个。　　　　　　　　　(　)

(四)问答题

1. 表面粗糙度的标注应包括哪六项要求？是否任何情况下都应全部标出？

2. 解释表 1-3 中表面粗糙度的意义。

表 1-3

代号	意义
$R_y 3.2$ ▽	
6.3 ▽	
3.2 / 1.6 ▽	
$R_z 50$ ▽○	
$R_y 12.5$ 3.2 ▽	
$R_y 12.5$ 3.2 ▽	

3. 解释图 1-5 中标注的表面粗糙度的意义。

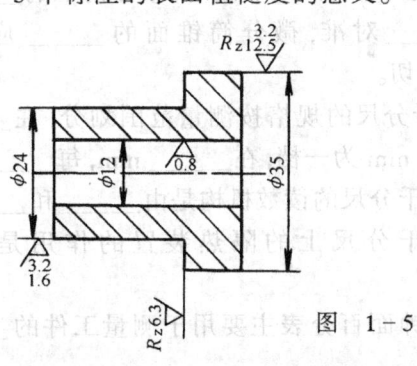

图 1-5

四、常用量具

(一)填空题

1. 机械工程图样上,所标注的法定单位长度计量单位常以_____为单位。

2. 游标卡尺常用的规格有_____mm、_____mm、_____mm、_____mm、0-500mm 和 0-1000mm 等。

3. 按游标读数值,游标卡尺可分为_____mm、_____mm、_____mm 三种。

4. 读数值为 0.1mm 的游标卡尺的读数原理,是将其游标上_____格宽度等于尺身上_____格的宽度。

5. 游标卡尺测量工件结束后要_____,尤其是大尺寸的游标卡尺更应注意,否则尺身会_____。

6. 千分尺按其用途和结构可分为_____、_____、内测千分尺、_____壁厚千分尺、杠杆千分尺、螺纹千分尺、公法线千分尺等。

7. 千分尺是由_____、_____、_____、_____、_____等组成。

8. 校对千分尺对零位时,微分筒上的_____应与固定套筒的_____对准,微分筒锥面的_____应与固定套筒的_____相切。

9. 千分尺的规格按测量范围划分,在_____mm 以内,每_____mm 为一档,在_____mm,每_____mm 为一档。

10. 千分尺的读数机构是由_____和_____组成。

11. 千分尺上的隔热装置的作用是防止手温影响_____。

12. 钟面百分表主要用于测量工件的_____、_____和

_____偏差,也可以在某些机床或测量装置中作_____和指示用。

13. 百分表的测量范围一般有_____ mm、_____ mm、_____ mm。

14. 百分表的工作原理是通过齿条齿轮机构的传动,将测量杠杆的_____,转变为指针的_____。

15. 百分表中的游丝的作用是消除齿轮_____引起的_____。

16. 使用中的百分表测量杆要_____,指针和表盘应无_____,多次拨动测量杆,指针能回到_____。

17. 将百分表夹在表架或专用支架上,夹紧力要_____既要_____又不使_____变形。

18. 用百分表测量工件时首先应轻轻_____测量杆,把工件移到测量头的下面,然后再轻轻_____测量杆,使测量头与工件相接触。

19. 杠杆百分表由于_____,杠杆测头能改变_____,对凹槽或小孔的测量能起到其他量具无法测量的独特作用。

20. 杠杆百分表是利用_____和_____原理制成的。

21. 杠杆百分表换向机构的作用是改变_____的摆动_____。

22. 杠杆千分表的结构型式、_____及用途与杠杆百分表基本相同,不同之处是它的_____更大,_____更高。

23. 内径百分表的活动测头移动_____ mm,百分表指针转1格。

24. 检验圆柱形工件的光滑极限量规是成对使用的,分别称为_____和_____。

25. 检验锥孔的圆锥量规称为_____,而检验外锥体的称为_____。

26. 用光滑极限量规检验工时,只有_____能够通过,而_____不能通过,则表示被测尺寸控制在允许的_____范围内,被测工件为合格品。

27. 轴用量规的通规尺寸等于被检验轴的_____尺寸,而止规的尺寸等于被检验轴的_____尺寸。

28. 万能角度尺是利用_____原理进行读数的一种角度量具。

(二)选择题(把正确答案填在空格内)

1. _____是法定长度计量单位的基本单位。

   (a)m;(b)cm;(c)mm

2. 用千分尺测量圆柱形工件的直径时,直接从尺上读数,这种测量方法是_____。

   (a)相对测量;(b)绝对测量

3. 读数值为 0.02mm 的游标卡尺的读数原理是将尺身上_____ mm 等于游标_____格刻线的宽度。

   (a)20;(b)50;(c)49;(d)19

4. 用游标卡尺测量孔径时,若量爪测量线不通过孔中心,则卡尺读数值比实际尺寸_____。

   (a)大;(b)小

5. 千分尺的读数原理是将螺杆的_____位移变为_____位移来进行长度测量的。

   (a)角;(b)直线

6. 在千分尺中,当微分筒旋转一圈时,测微螺杆就轴向移动_____mm。

   (a)0.01;(b)0.1;(c)0.5

7. 为了保证千分尺的使用精度,必须对其施行_____检

(a)现场;(b)交还;(c)定期

8. 内径千分尺刻线方向与外径千分尺刻线方向_____。
   (a)相同;(b)相反;(c)相同或相反

9. 用百分表测量平面时,触头应与平面_____。
   (a)倾斜;(b)垂直;(c)水平

10. 图1-6的读数尺寸是_____。
    (a)5.9mm;(b)50.45mm;(c)50.18mm

11. 图1-7的读数尺寸是_____。
    (a)60.26mm;(b)6.23mm;(c)7.3mm

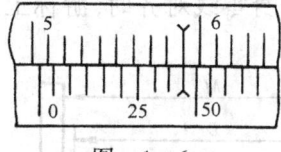
图 1-6

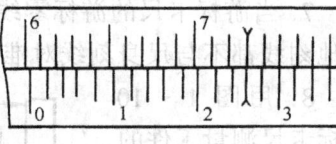
图 1-7

12. 图1-8的读数尺寸是_____。
    (a)7.25mm;(b)6.25mm;(c)6.75mm

13. 图1-9的读数尺寸是_____。
    (a)36.99mm;(b)37.01mm;(c)36.49mm

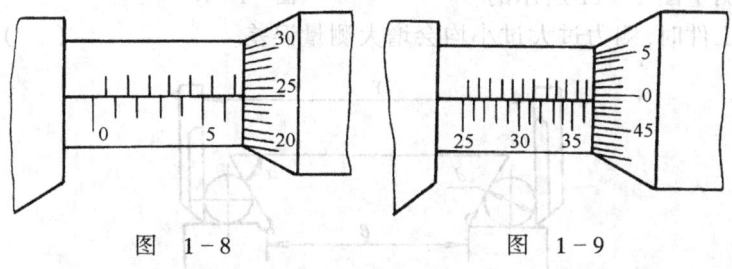

图 1-8   图 1-9

(三)判断题(正确用√,错误用×)

1. 百分表经过检定后即使无检定合格证,仍然可以使

用。( )

2．用百分表测量工件时,测量杆的行程可以超出它的测量范围。( )

3．不要用百分表测量表面粗糙度过粗的工件。( )

4．内径百分表用标准环校对零位后,在整个使用过程中是绝对正确的,不比再校对。( )

5．游标卡尺尺身上的刻度每小格为1mm,每大格为10mm。( )

6．读数值为0.05mm游标卡尺的读数原理是尺身上20mm等于游标19格刻线的宽度。( )

7．当游标卡尺的游标零线与尺身零线对齐时,游标上的其他刻线都不与尺身刻线对准。( )

8．用图1-10游标卡尺测量工件的内槽宽度时,应使测量线垂直与槽壁,取最大值。( )

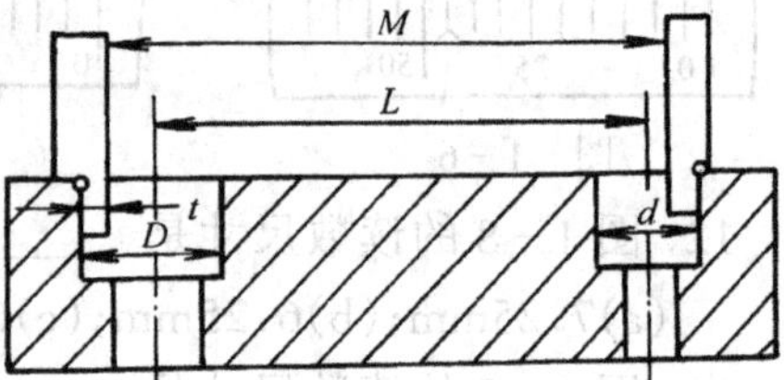

9．用游标卡尺测量图1-11所示的工件时,测力过大过小均会增大测量误差。( )

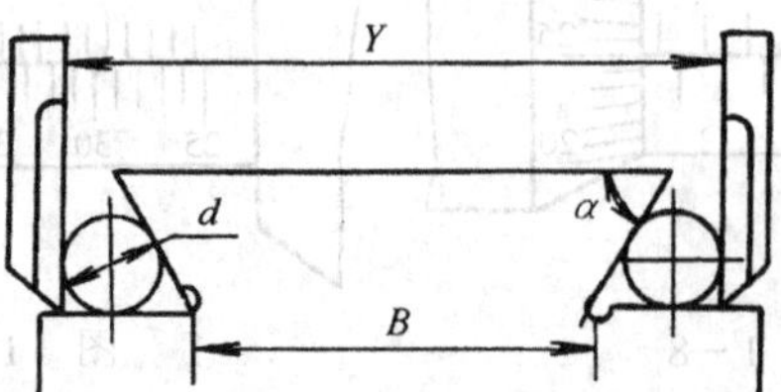

图 1-10

图 1-11

(四)名词解释

1. 量具
2. 测量

(五)问答题

1. 游标卡尺测量工件时怎样读数?
2. 千分尺测量工件时怎样读数?
3. 试述百分表的刻线原理。
4. 简述万能游标量角器的刻线原理及读数方法。
5. 试确定表1-4中各图所示的游标卡尺的读数值。

表 1-4

图　　　例	读数值

五、常用金属材料

(一)填空题

1. 碳素钢是含碳量_____而不含有特意加入合金元素的钢。

2. 碳素钢中除铁、碳外,还常有_____、_____、_____等元素,其中_____、_____是有益元素,_____、_____是有害元素。

3. 低碳钢含碳量范围为_____;中碳钢含碳量范围为_____;高碳钢含碳量范围为_____。

4. 铸铁是含碳量_____的铁碳合金。根据铸铁中碳的存在形式,铸铁可分为_____、_____、_____和_____四种。其中应用最广泛的是_____铸铁。

5. 合金钢按主要用途可分为_____、_____及_____三大类。

6. YG类硬质合金适宜于加工_____材料,YG3与YG8相比,YG3的_____低而_____好,因此_____比较适宜于粗加工,_____比较适宜于精加工。

(二)选择题(把正确答案填在空格内)

1. 08F牌号中,08表示其平均含碳量为_____。
   (a)0.08%;(b)0.8%;(c)8%

2. 在下列三种钢中_____钢的弹性最好;_____钢的硬度最高;_____钢的塑最好。
   (a)T10;(b)20钢;(c)65Mn

3. 选择制造下列零件的材料:
冷冲压件_____;齿轮_____;小弹簧_____。
   (a)08F;(b)45钢;(c)65Mn

4. 选择制造下列工具所采用的材料：

凿子_____；锉子_____；手工锯条_____。

(a)T8；(b)T10；(c)T12

5. 普通、优质和高级优质碳钢是按_____进行区分的。

(a)力学性能的高低；(b)S、P含量的多少；(c)Mn、Si含量的多少。

(三)判断题(正确用√，错误用×)

1. 除Fe、C外，还含有其它元素的钢就是合金钢。（　）

2. 3Cr2W8V钢的平均含碳量为0.3%，所以它是合金结构钢。（　）

3. T10钢的含碳量为10%。（　）

4. 纯铝具有较高的强度，常用作工程结构材料。（　）

5. 低合金钢钢是指含碳量低于0.25%的合金钢。（　）

(四)名词及牌号解释

强度

塑性

硬度

HT250

T12A

45

40Cr

(五)问答题

1. 碳素工具钢的含碳量不同，对其力学性能有何影响？如何选用？

2. 简述灰铸铁的性能特点。

第二章 金属切削的基本知识

(一)填空题

1．机床的切削运动一般可分为_____运动和_____运动。

2．在下列运动中,是主运动有_____。
(1)车床上的工件旋转　(2)外圆磨床上工件的旋转
(3)滚齿机上工件的旋转　(4)无心磨上工件的旋转
(5)牛头刨上刀具的往复　(6)镗床上镗刀的旋转
(7)车床上车大螺距螺纹时刀具的运动。

3．切削过程中工件上三个不断变化的表面是_____,_____和_____。

4．金属切削过程中切削用量是指(切削三要素)_____,_____和_____。

5．标出图2-1中外圆车刀各部分的名称。
(1)_____(2)_____
(3)_____(4)_____
(5)_____(6)_____

6．通过主切削刃上选定点与切削刃相切,并垂直于基面的平面叫_____。

7．正交平面是通过

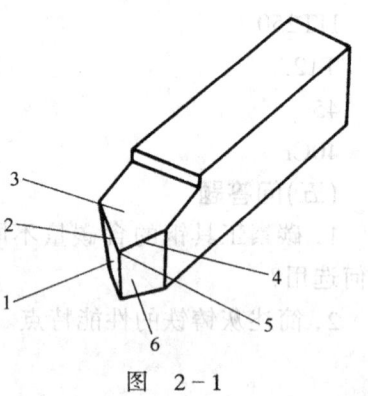

图 2-1

主切削刃上选定点并_____。

8．刃磨硬质合金刀具时一般选用_____磨料,刃磨淬火调质钢刀具时一般选用_____磨料。

9．在车床上车削螺旋角为4°的梯形螺纹,车削前测得刀具前角为5°,后角为7°,则实际车削时前角为_____,后角为_____。

10．刃磨车刀时,当切削刃低于砂轮中心时,磨出的后角容易出现_____。

11．一般情况下刀具材料应比工件材料硬度高,常温硬度在_____HRC以上。

12．在YG类硬质合金中,含钴量越高,则YG后面的数值越_____,刀具的硬度和耐磨性越_____强度和韧性越_____。

13．在YG类硬质合金刀具中,YG后的数值越大,表示碳化钛的含量越_____,刀具的硬度和耐磨性越_____,强度和韧性越_____。

14．断屑槽常用_____,_____和_____形三种形状。

15．一般情况下,刃倾角对排屑方向影响较大,当刃倾角为正时,切屑最有可能流向工件_____面,刃倾角为零时,切屑最有可能流向工件_____面,当刃倾角为负时,切屑最有可能流向工件_____面。

16．积屑瘤是_____与_____剧烈摩擦产生粘结形成的。

17．为防止积屑瘤的产生,通常采用_____或_____的切削速度。

18．工件材料的强度越低,则切削时的切削力越_____。

19．如果因为机床功率不够而影响切削的正常进行,从切削要素方面考虑,最有效的方法是减少_____或_____。

20. 车刀主偏角增大会使车削的背向力_____。

21. 切削三要素在金属切削过程中对切削温度影响最大的是_____。

22. 刀具的磨损形式有_____,_____和_____三种形式,通常用_____磨损量来表示刀具磨损的程度。

23. 刀具失去切削能力的现象叫钝化,其方式有_____,_____和_____;在正常情况下,钝化主要表现为_____。

24. 任何刀具切削时都要磨损,正常情况下,刀具磨损要经过_____、_____和_____三个阶段,其中_____阶段是刀具工作的有效阶段。

25. 将刀具主切削刃磨出一窄小平面带(刀具第一前面)主要是为了_____和_____。

26. 刀具前角选择要考虑:(1)工件材料强度高,韧性好时前角可选得_____(2)有冲击载荷时前角可选得_____。(3)工艺系统刚性较差时前角宜选得_____。(4)成型刀具前角应选得_____。

27. 刀具后角选择的主要依据是:(1)切削厚度越大,后角_____。(2)前角选择较小时,后角选择_____。(3)工件材料的强度和硬度较高时,后角选择_____。

28. 车刀副偏角大小影响加工表面质量,精车时,副偏角应选得_____。

29. 在主副切削刃之间磨出过渡刃主要是为了_____和_____,它的两种形式是_____和_____。

30. 平面磨削时常用的冷却液是_____。

(二)**选择题**(把正确答案填在空格内)

1. 金属切削过程中,速度最高,消耗功率最多的一般是

(a)主运动;(b)进给运动;(c)辅助运动

2.如图2-2所示,在加工过程中已知 $n = 500$r/min,则切削速度为_____。

(a)15.7m/min;
(b)31.4m/min;(c)15.7m/s;(d)31.4m/s

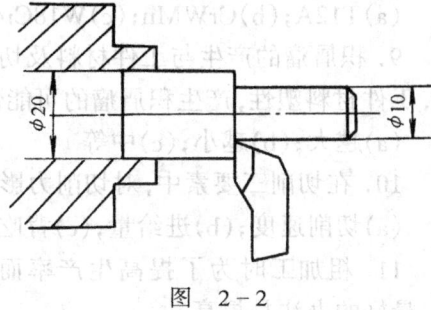

图 2-2

3.有一牛头刨床,每次切削时间为0.55min,返回需0.45min,工作行程长度为400mm,刨床切削速度是_____。

(a)0.8m/min;(b)0.44m/min;(c)0.4m/min;(d)0.36m/min

4.通过切削刃上选定点而又垂直于该点切速度的平面叫_____。

(a)基面;(b)切削平面;(c)正交平面

5.车削外圆时,当刀尖低于工件中心时,则使刀具工作_____。

(a)前角增大,后角减速小;(b)前角减小,后角增大;
(c)前角、后角同时增大;(d)前角、后角同时减小

6.用前角较大的刀具,较高的切削速度和较小的进给量及背吃刀量切削45钢时,最易产生_____。

(a)带状切屑;(b)节状切屑;
(c)粒状切屑;(d)崩碎状切屑

7.在加工铸铁时易产生的切削形状是_____。

(a)带状;(b)节状;(c)粒状;(d)崩碎状

8. 现有材料如下,要做一把螺距为 1.5mm 的螺纹梳刀,应选择_____。

(a)T12A;(b)CrWMn;(c)W18Cr4V;(d)YT15

9. 积屑瘤的产生与工件材料及切削速度有关,就材料而言,工件材料塑性,产生积屑瘤的可能性_____。

(a)越大;(b)越小;(c)中等

10. 在切削三要素中,对切削力影响最大的是_____。

(a)切削速度;(b)进给量;(c)背吃刀量

11. 粗加工时为了提高生产率而又使切削温度上升最小,最好的办法是提高_____。

(a)切削速度;(b)背吃刀量;(c)进给量

12. 从刀具的几何角度方面讲,对切削温度影响最大的是_____。

(a)主偏角;(b)前角;(c)后角;(d)副偏角

13. 刀具的工艺磨损限度是在什么情况下制定的_____。

(a)刀具寿命最长;(b)经济效益最高;(c)保证零件的加工精度和表面质量

14. 若用较高的切削速度和较大的背吃刀量切削塑性金属时,刀具的磨损最有可能是为_____。

(a)后面磨损;(b)前面磨损;(c)前后面同时磨损

15. 在工件材料、刀具材料和刀具几何角度确定的情况下,影响刀具耐用度的关键因素是_____。

(a)切削速度;(b)背吃刀量;(c)走刀量

16. 图 2-3 所示,哪个图正确的表示了刀具磨损的过程_____。

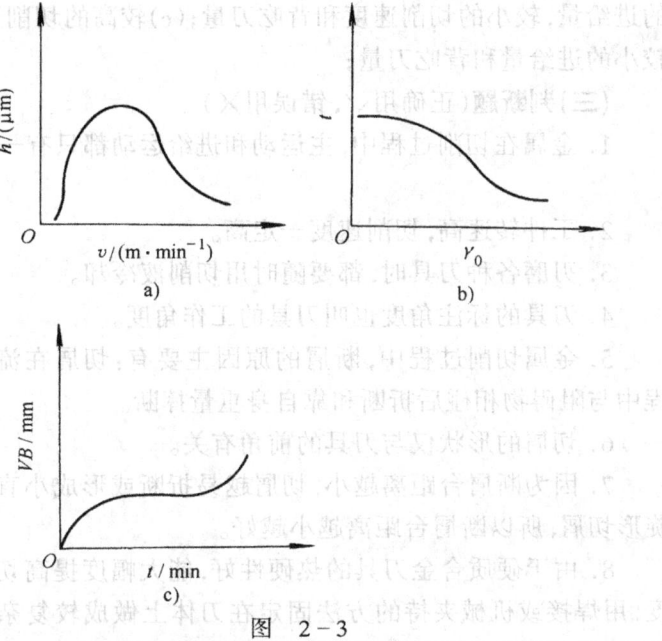

图 2-3

17. 有一把硬质合金车刀,共刃磨了三次,每次切削时间为 30min,则刀具的耐用度为_____。

(a)30min;(b)60min;(c)90min

18. 精车时的切削速度主要受_____的限制。

(a)刀具的耐用度;(b)切削时间;(c)切削力的大小;(d)工艺系统刚度

19. 车削细长轴采用较大的主偏角,其主要目的是_____。

(a)改善刀具散热状况;(b)减小工艺系统变形;(c)使切屑平均变形减小

20. 在选择精车切削用量时,一般情况下选择_____。

(a)较大的背吃刀量,较小的切削速度和进给量;(b)较大

的进给量,较小的切削速度和背吃刀量;(c)较高的切削速度,较小的进给量和背吃刀量;

(三)判断题(正确用√,错误用×)

1. 金属在切削过程中,主运动和进给运动都只有一个。（ ）
2. 工件转速高,切削速度一定高。（ ）
3. 刃磨各种刀具时,都要随时用切削液冷却。（ ）
4. 刀具的标注角度也叫刀具的工作角度。（ ）
5. 金属切削过程中,断屑的原因主要有:切屑在流出过程中与阻碍物相碰后折断和靠自身重量摔断。（ ）
6. 切屑的形状仅与刀具的前角有关。（ ）
7. 因为断屑台距离越小,切屑越易折断或形成小直径螺旋形切屑,所以断屑台距离越小越好。（ ）
8. 由于硬质合金刀具的热硬性好,能大幅度提高切削速度,用焊接或机械夹持的方法固定在刀体上做成较复杂的刀具,所以硬质合金可以部分代替高速钢做刀具。（ ）
9. YG3 比 YG8 的硬度和强度高。（ ）
10. YT5 比 YT30 的硬度和强度高。（ ）
11. 带状切屑在加工过程中要尽量避免。（ ）
12. 工件材料的塑性越大,越易产生积屑瘤,故而切削铸铁不易产生积屑瘤。（ ）
13. 积屑瘤在粗加工时能起到保护刀刃免受磨损的作用,而在精加工时则影响工件质量,故它的出现有利也有弊。（ ）
14. 前角增大可减小切削热的产生,故前角越大,切削温度越低,刀具耐磨度越高。（ ）
15. 切削速度的增加,会引起切削力的急速增加。（ ）

16. 切削温度是指切削过程中刀尖的温度。　　　　（　）

17. 一般情况下,加工塑性材料时宜选用较大后角,加工硬度较高的材料时则宜选用较小的后角。　　　　　（　）

18. 刀具磨损程度通常用刀具前面的磨损量来表示。

（　）

19. 刀具寿命就是刀具的耐用度,即刀具从开始使用到报废为止所经过的切削时间。　　　　　　　（　）

20. 一般情况下,选择前角的原则是在保证刀具有足够强度前提下尽量选择较大的前角,力求刀刃锋利。（　）

21. 增大后角可使刀具刃口锋利、减小切削力和切削热,减小加工硬化,因此后角选择越大越好。　　（　）

22. 精加工时,为提高加工效率,首先应选择较大的背吃刀量,其次是选较大的进给量,最后考虑提高切削速度。

（　）

23. 粗加工铸钢工件时,为提高加工效率,要尽可能用一次走刀切完全部粗加工余量。　　　　　（　）

24. 粗加工时,在工艺系统刚度和机床功率允许的情况下,要选择较大的进给量。　　　　　　　（　）

25. 车削细长轴时,不宜选用负刃倾角。　　　（　）

26. 在磨削时,首先选择的切削液是低浓度的浮化液。

（　）

27. 选择车刀主偏角时,下列哪种说法不对。　（　）

(a)工艺系统刚度较差时,主偏角应选大;(b)工件材料强度和硬度较大时,主偏角应选小;(c)强力车削时,应选择较大的主偏角;(d)粗车时,应选择较小的主偏角,以减少切削刃单位长度上的受力。

(四)问答题

1. 简述刀具切削部分材料应满足的基本要求。
2. 目前最常用的刀具材料是硬质合金和高速钢,试简述它们的优缺点。
3. 简述金属的切削过程。
4. 切屑形状有几种基本类型? 分析各种切屑产生的原因。
5. 切削热的来源有哪几部分? 分别在哪个变形区?
6. 试分析在车削细长轴时车刀主偏角大小的选择。
7. 刀具的耐用度并非越大越好,试分析为什么?
8. 刀具前角不可过大,也不可过小,你是如何理解的? 试举例说明。
9. 试分析前角对切削温度的影响。
10. 进给运动和主运动有哪些区别?
11. 什么叫切削抗力? 它可分解哪三个分力? 各分力在切削过程中对机床或刀具有何影响?
12. 在实际车削过程中,有时为了断屑将进给量加大,试分析原因。
13. 在车削长轴时,可把粗精加工放在一起,但在精加工之前通常要把尾座顶尖松开后重新夹紧,你知道这是为什么?

(五)综合题

1. 试标出图 2-4 所示外圆车刀的前角、后角、主偏角、刃倾角、副偏角(用符号),其中刃倾角为 λ_s,并说明各角度在什么平面内测量?
2. 车削外圆时已知待加工表面直径为 $\phi 100$mm,已加工表面直径为 $\phi 94$mm,工件转速 $n = 500$r/min,车刀移动速度为 75mm/min,切削层公称截面积为 0.3mm^2,刀具主偏角 60°,试求切削速度、进给量、背吃刀量、切削层公称宽度和切削层公称厚度。

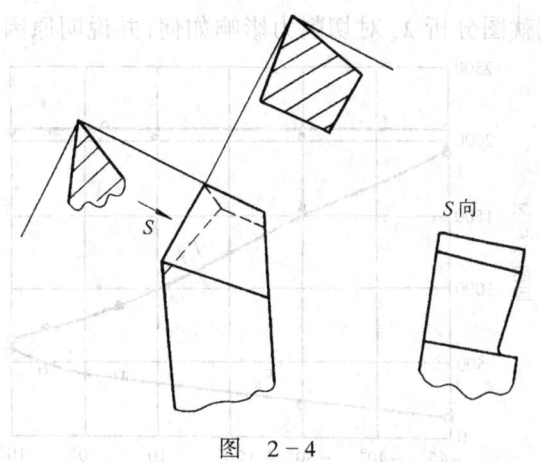

图 2-4

3. 在车床上用切断刀切铝棒时发现有堵刀现象(切屑堆积在刀具前面上,无法切入),试分析其原因,说明用什么方法可以避免此现象的发生。

4. 已知某材料切削过程中切削速度对积屑瘤的影响如图 2-5,试说明速度变化时,积屑瘤如何变化？为什么变化？

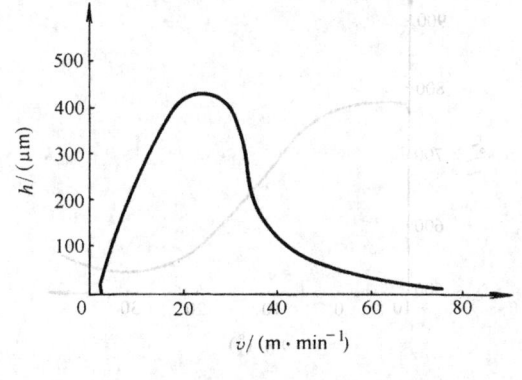

图 2-5

5. 从一实验中得出刃倾角 λ_s 对切削力的影响如图 2-6 所示,试就图分析 λ_s 对切削力影响如何,并说明原因。

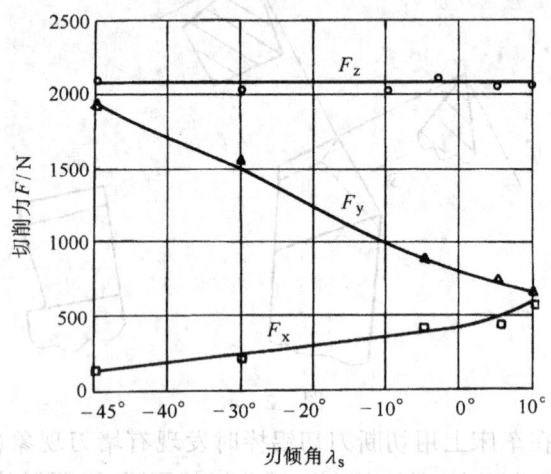

图 2-6

6. 用 YT15 加工钢,测得前角变化对切削温度的影响如图 2-7 所示曲线,试分析形成此曲线的原因。

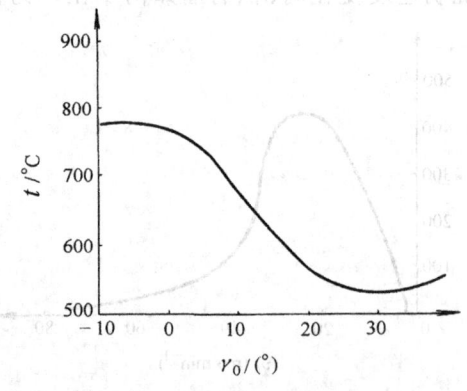

图 2-7

7. 某工件如图 2-8,材料为灰铸铁,有氧化皮硬度为 230HBS,加工工序为粗车及半精车,毛坯 $\phi 109 \pm 0.1$mm,成品 $\phi 100^{+0}_{-0.13}$mm,表面粗糙度 $R_a 3.2 \mu m$,机床 CA6140,试选择粗车或半精车刀具的材料和几何参数以及切削用量(半精车直径余量 2.5mm)。

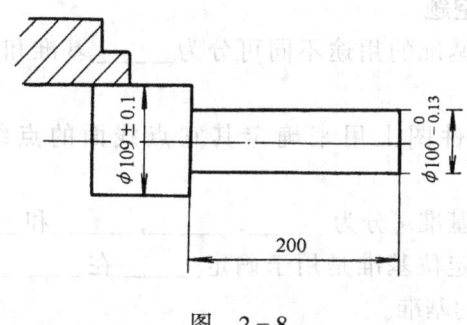

图 2-8

8. 在 CA6140 上粗车精车如图 2-9 所示的外圆表面,材料为 45 钢锻件 $\sigma_b = 0.637$GPa,试选择刀具材料和几何参数以及合理的切削用量(毛坯为 $\phi 30$)。

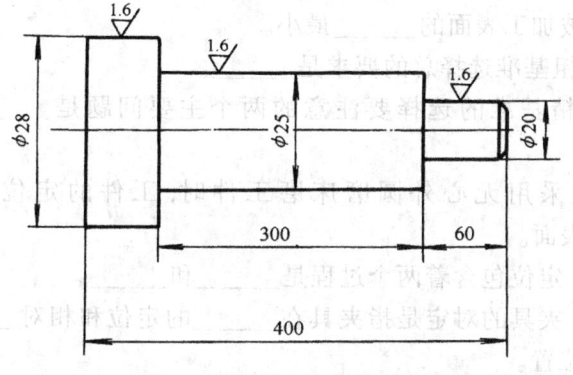

图 2-9

第三章 工件装夹

(一)填空题

1. 根据基准的用途不同可分为_____基准和_____基准。

2. 在零件图上用来确定其它点线面的点线面称为_____基准。

3. 工艺基准可分为_____,_____,_____和_____。

4. 工件定位基准是用于确定_____在_____或_____上正确位置的基准。

5. 工件定位基准可分_____基准和_____基准。

6. 精基准是用_____表面作为定位基准,粗基准是用_____表面作为定位基准。

7. 选择非加工表面做主要定位粗基准时能够使非加工表面和被加工表面的_____最小。

8. 粗基准选择总的要求是_____。

9. 精基准的选择要注意的两个主要问题是_____和_____。

10. 采用无心外圆磨床磨工件时,工件的定位面是_____表面。

11. 定位包含着两个过程是_____和_____。

12. 夹具的对定是指夹具在_____的定位和相对_____的正确位置。

13. 完全定位即采用一定结构形式的定位元件,限制工件在空间的_____个自由度的定位方法。

14. 如图 3-1 所示零件,外圆和两端均为已加工表面,现需钻 4-φ10 孔,需要限制_____自由度,将它放到如图的坐标中,需限制的自由度分别为_____。

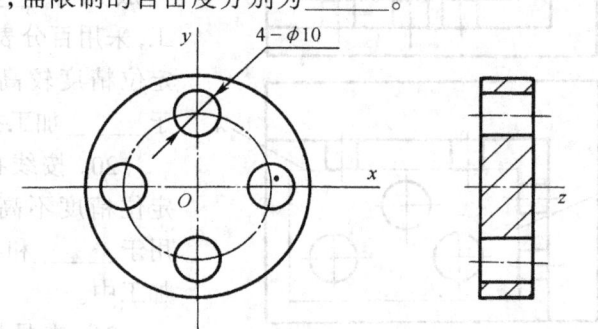

图 3-1

15. 如图 3-2 所示,在 CA6140 上车削外圆,这时工件被限制了_____自由度,这样的定位称为_____定位。

16. 如图 3-3 所示为工件精加工 C 表面的方案,底面有三个支承钉,A、B 表面各有两个支承钉,这时限制了工件的_____自由度,这样的定位称为_____定位。

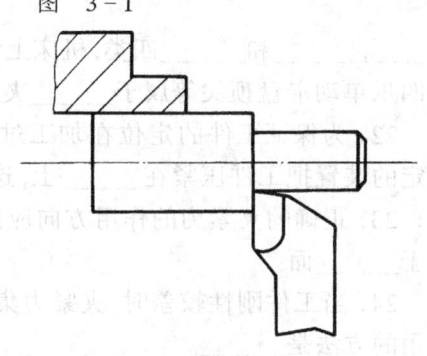

图 3-2

17. 工件装夹的方法有_____,_____和_____。

18. 工件采用直接找正法要用量具或量仪直接找正工件某表面,这时选用的工件表面应该是_____或_____。

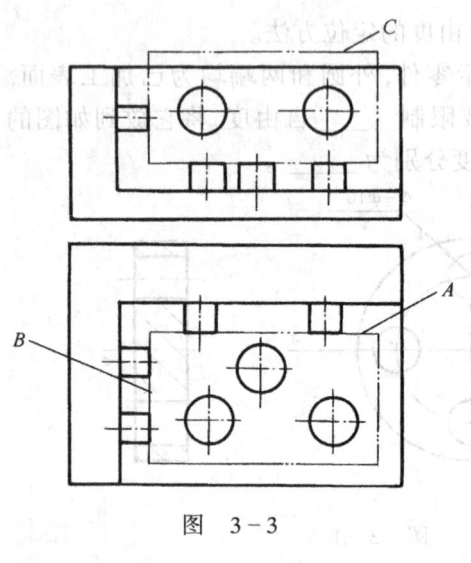

图 3-3

19. 在工件直接找正法装夹中,采用目测或划线盘找正,一般用于_____加工,采用百分表找正,定位精度较高,多用于_____加工找正。

20. 按线找正法定位精度不高,主要用于_____和_____加工中。

21. 夹具按特点可分为_____,_____,_____和_____四类,机床上常用的三爪自定心卡盘和四爪单动卡盘顶尖等属于_____夹具。

22. 为保证工件的定位在加工过程中不被破坏,必须用一定的装置把工件压紧在_____上,这个过程称_____。

23. 正确的夹紧力的作用方向应施于_____范围内并垂直于_____面。

24. 当工件刚性较差时,夹紧力集中会使工件变形,一般采用的方法是_____。

(二)选择题(把正确答案填在空格内)

1. 下列基准中哪个不属于工艺基准_____。

(a)设计基准;(b)测量基准;(c)定位基准;(d)装配基准

2. 如图 3-4 所示的轴,加工时两端用顶尖顶紧加工,两端顶尖孔是_____。

(a)设计基准;(b)定位基准;(c)既不是设计基准也不是

定位基准;(d)既是设计基准也是定位基准

3．用于确定工件在机床上正确加工位置的基准称为_____。

(a)工序基准;(b)工艺基准;(c)装配基准;(d)定位基准

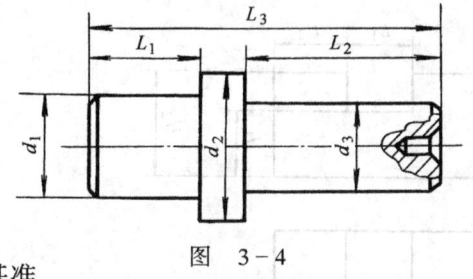

图 3-4

4．在选择定位粗基准时,下列哪种说法是错误的_____。

(a)选择不加工表面做粗基准;(b)在各表面都需要加工时选择加工余量较大的表面做粗基准;(c)选择光洁平整无飞边且面积较大的表面做粗基准;(d)粗基准只能用一次

5．如图3-5为机床身,A 面为导轨,B 面为床脚,选择定位粗基准时应当是_____。

(a)A 面为定位粗基准;(b)B 面为定位粗基准;(c)A 面或 B 面为粗基准都一样

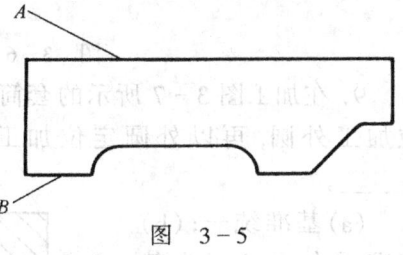

图 3-5

6．已知工件如图3-6所示,欲加工槽,其余均为已加工表面,为保证加工精度,最佳定位方案是_____。

7．在选择工件定位精基准时,应考虑下列因素_____。

(a)尽量使基准重合;(b)可用待加工表面做基准;(c)允许有过定位;(d)允许有欠定位

8．在车床上精加工内孔时常采用浮动镗,这时工件的定位基准是_____。

(a)外圆;(b)内孔;(c)外圆和内孔

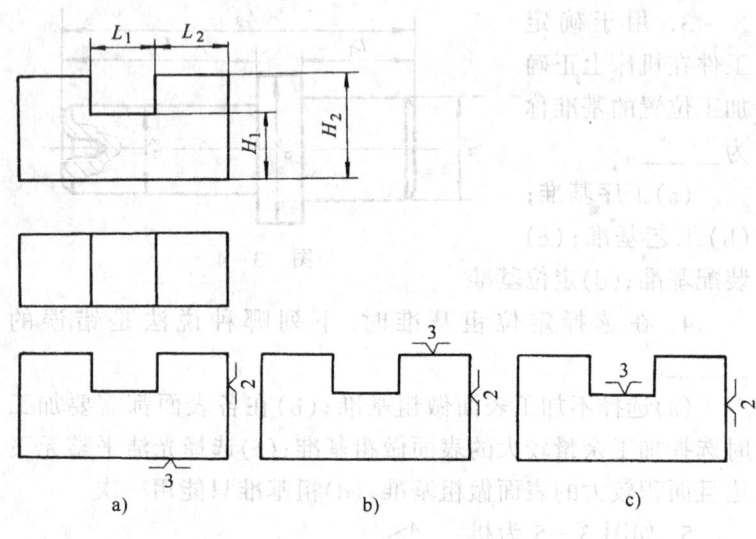

图 3-6

9. 在加工图 3-7 所示的套筒时,工艺上采用以内孔定位加工外圆,再以外圆定位加工内孔,这种定位方法叫_____。

(a)基准统一;(b)基准重合;(c)互为基准;(d)自为基准

10. 用拉刀拉孔时,工件定位的方法叫_____。

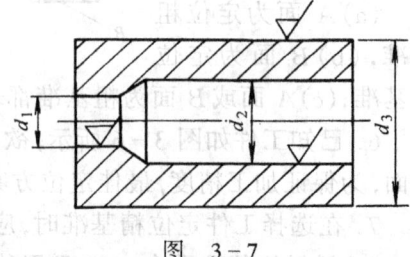

图 3-7

(a)基准统一;(b)基准重合;(c)互为基准;(d)自为基准

11. 工件装夹时按线找正法主要适用于_____。

(a)批量小的零件加工;(b)加工精度低的单件小批零

件加工;(c)大型零件的粗加工;(d)加工精度高而又没有专用高精度机床时单件小批加工

12. 用三爪自定心卡盘夹紧工件的过程称为_____过程。

(a)工件定位;(b)工件夹紧;(c)工件的定位和夹紧;(d)既不定位也不夹紧

13. 专用夹具主要适用于成批生产或大量生产,它的特点是_____。

(a)操作简单可靠;(b)工件定位迅速可靠;(c)生产率高;(d)夹具制造简单方便

14. 在图3-8中,仅从夹紧力方面考虑,_____方案较好。

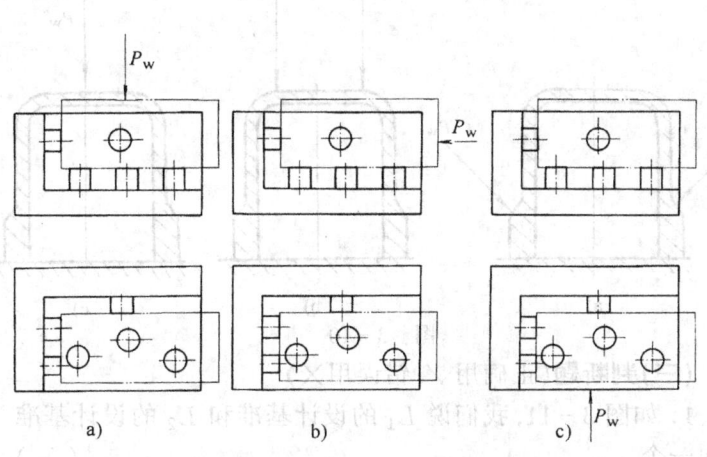

图 3-8

15. 某工件如图3-9所示,现需镗D孔,定位方案如图示,_____方案最好。

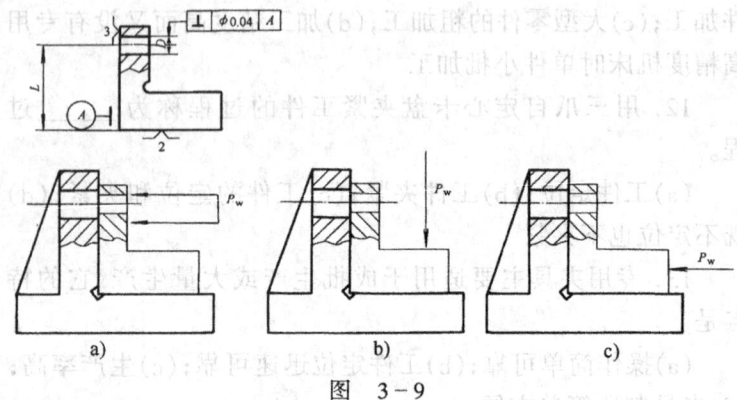

图 3-9

16. 图 3-10 是某工件的夹紧方案,单从夹紧方面考虑,_____方案最好。

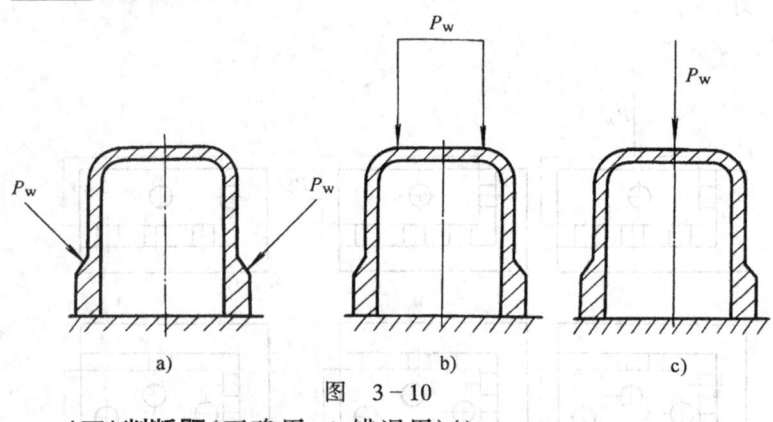

图 3-10

(三)判断题(正确用√,错误用×)

1. 如图 3-11,我们说 L_1 的设计基准和 L_2 的设计基准是同一个。( )

2. 如图 3-12 在车床上用两顶尖定位加工外圆,则该序的定位基准,设计基准是重合的。( )

3. 用粗加工过的工件表面做定位基准称粗基准。( )

4. 选择工件定位粗基准时,应使后序的各表面加工余量分配均匀,并保证加工表面和非加工表面之间的位置。( )

5. 选择工件定位精基准时,主要考虑的两个问题是:基准重合和基准统一。( )

6. 工件定位时应尽量使基准重合,再考虑定位基准和工序基准重合。( )

7. 加工轴类零件时,使用两中心孔定位容易实现基准统一。( )

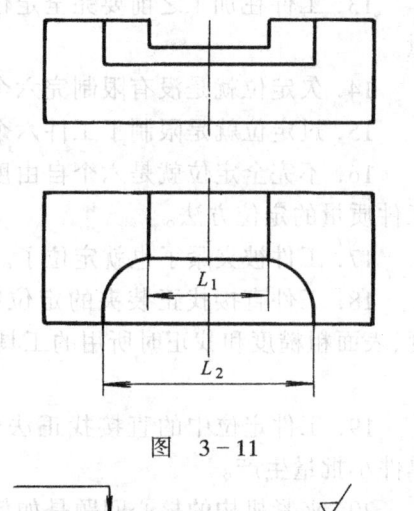

图 3-11

8. 在选择定位精基准时,除了满足工件加工精度的要求外,还应使工件装夹简单、操作方便、定位稳定可靠。( )

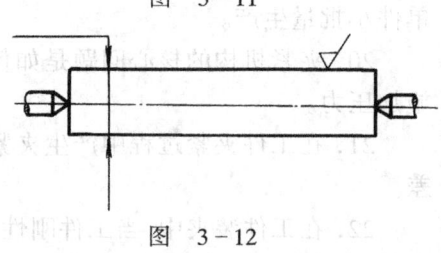

图 3-12

9. 工件定位是指同一批工件在夹具中占有一致的正确加工位置。( )

10. 工件定位时一个支承点可限制工件的一个自由度或几个自由度。( )

11. 把一个规则的平行六面体放在三维坐标中,在底平面、侧平面和端平面上分别有三个、两个和一个支承点,不论支承点如何放置,都可限制平行六面体的六个自由度。( )

12. 完全定位就是把工件夹紧，使其在加工过程中保持位置不变。（ ）

13. 工件在加工之前要完全定位才能保证工件的加工质量。（ ）

14. 欠定位就是没有限制完六个自由度。（ ）

15. 过定位就是限制了工件六个以上的自由度。（ ）

16. 不完全定位就是六个自由度没有完全限制且能保证工件质量的定位方法。（ ）

17. 工件被夹紧了也就定位了。（ ）

18. 工件直接找正装夹的定位精度，取决于找正面的精度、表面粗糙度和找正时所用的工具及工人的操作水平。（ ）

19. 工件定位中的直接找正法生产率低，一般只适用于单件小批量生产。（ ）

20. 夹紧机构的核心问题是如何使夹紧装置对工件正确施加压力。（ ）

21. 在工件夹紧过程中产生夹紧变形的原因是工件刚性差。（ ）

22. 在工件装夹中，当工件刚性很好时，夹紧力的集中或分散对工件质量没有影响。（ ）

(四)问答题

1. 简述工件加工时粗基准的选择原则。

2. 试举例说明为什么工件加工时要选择非加工表面做定位粗基准？

3. 为什么对所有表面都需加工的工件，要尽量选择加工余量较小的表面做定位粗基准？试举例说明。

4. 简述工件加工时选择定位精基准要注意的问题。

5. 工件加工时选择定位精基准的原则有哪几条?

6. 试举例说明什么叫基准统一原则?

7. 什么叫自为基准? 它有什么优缺点? 试举例说明。

8. 工件的互为基准定位加工是怎么回事? 请说明它的优缺点。

9. 举例说明为什么在工件定位时要尽量使基准重合。

10. 只有正确的定位,才能保证加工出的工件合格,那么正确的定位应从哪些方面考虑?

11. 简述六点定位原则。

12. 举例说明什么是欠定位? 欠定位有什么后果?

13. 什么叫过定位? 过定位对工件影响如何? 怎样正确处理过定位?

14. 夹紧和定位有什么区别? 三爪自定心卡盘的三爪是夹紧元件还是定位元件? 试作简单分析。

15. 如图 3-13,工件 1 经过粗加工,用平口虎钳夹紧在钻床上钻孔 D,孔的轴线和底面垂直度有较高的要求,试问用这样的方法能否保证加工要求? 如何解决?

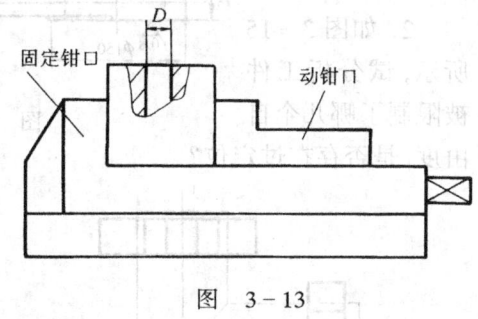

图 3-13

16. 装夹工件时用直接找正法要选用工件的与待加工表面有位置要求的表面或待加工表面作找正基准,请问这是为什么?

17. 什么叫按线找正法? 用这种方法装夹工件时,工件的定位基准是什么?

18. 简述夹具设计时对夹紧机构的基本要求。

19. 简述确定夹具夹紧力时应考虑哪几个问题。为什么?

(五)综合题

1. 图3-14是连杆零件图。

(1)分别指出图中各尺寸及位置精度的设计基准。

(2)设连杆第一加工工序为铣大小头孔的两端面,试选择该工序的定位基准,并说明选择的依据。

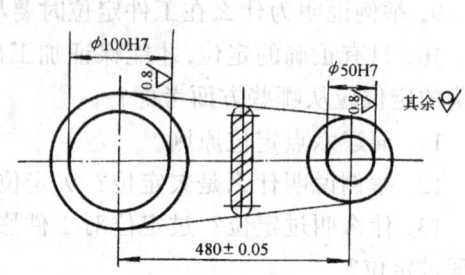

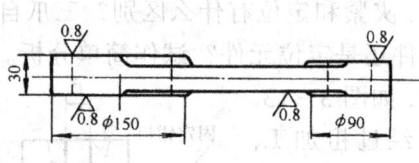

图 3-14

2. 如图3-15所示,试分析工件被限制了哪几个自由度,是否存在过定位?

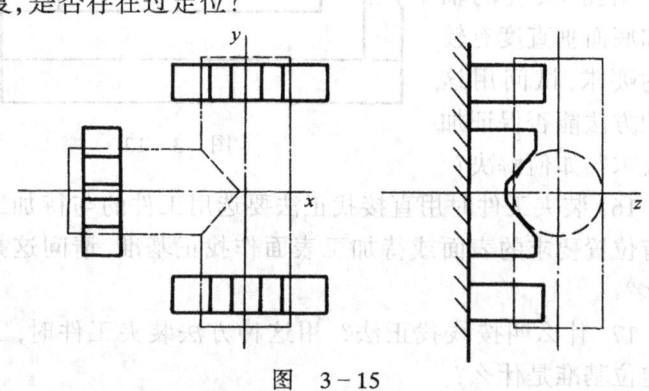

图 3-15

3. 如图 3-16 所示,试确定各定位元件限制了工件哪几个自由度?分别属于哪种定位方式?

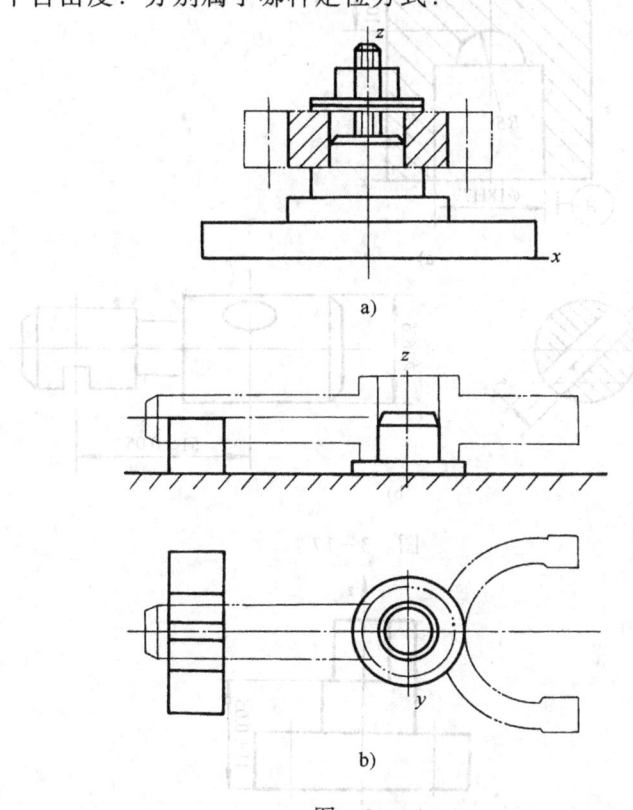

图 3-16

4. 如图 3-17 所示,图 a 为加工内孔,其余表面已加工,工序尺寸 10±0.1mm,垂直度公差 0.04mm,图 b 中,加工斜孔,其余表面已加工,工序尺寸 51±0.05mm,角度 60°±10′。为保证工序精度,应限制哪几个自由度?

5. 如图 3-18 所示零件,本序加工尺寸 41±0.05mm,斜面角度 45°±10′,试问应限制哪几个自由度?

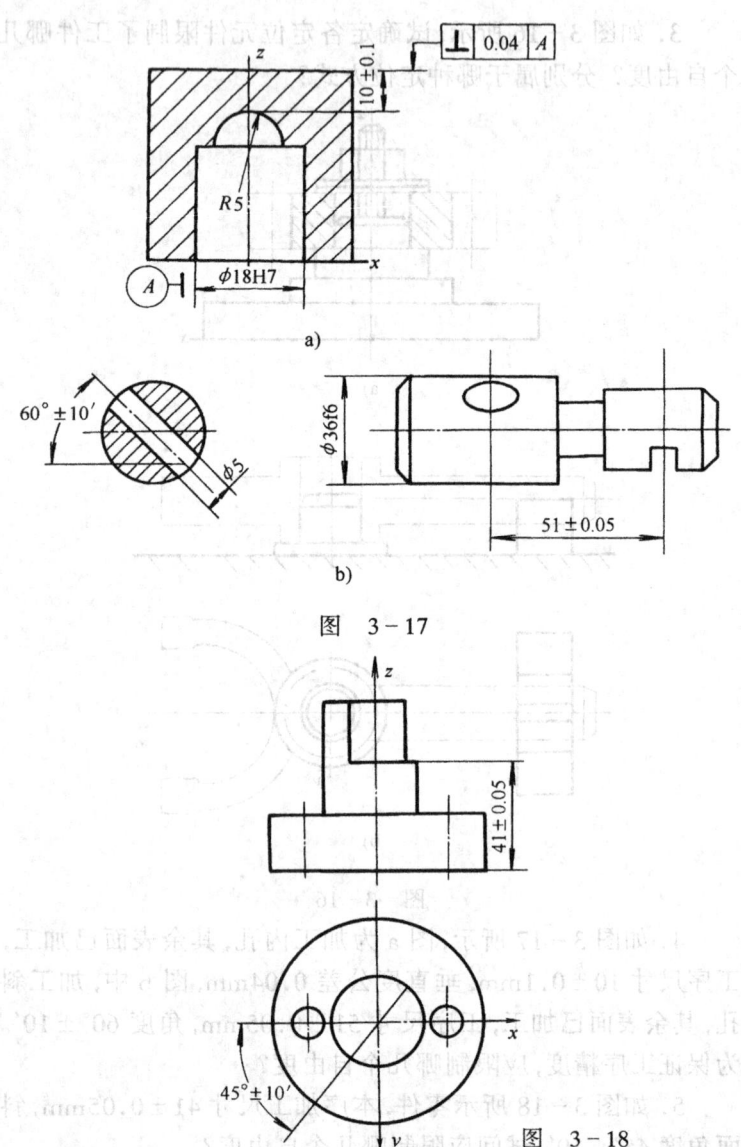

图 3-17

图 3-18

第四章 车削加工

(一)填空题

1. 机床型号由大写_____字母及_____数字组成。
2. 机床型号是机床产品的_____,可表示机床分类、组、型(系列)、_____及_____等。
3. 机床分类代号中,C 表示_____;Z 表示_____;X 表示_____;M 表示_____。
4. 机床通用特性代号中 M 表示_____;Z 表示_____;K 表示_____;W 表示_____。
5. 卧式车床在加工中必须具备的运动有_____运动、_____运动和_____运动。
6. CA6132 型卧式车床由_____箱、_____箱、_____箱、刀架(溜板)、_____、_____和床腿等主要部件组成。
7. CA6132 型卧式车床,床身上最大工件回转直径是_____mm;最大工件长度是_____、_____mm。
8. 车床主体运动传动链的作用是把_____的运动传给_____,使主轴带动_____实现主运动。
9. 车床进给运动传动链是刀架实现_____、_____运动或车削_____运动的传动链。
10. 车床的床身上有两组导轨,其中一组是_____移动导轨,另一组是_____移动导轨。
11. 车床的保养工作主要是_____、_____和进行必要的调整。

12. 车床主轴在工作时承受很大的_____力,工件的加工精度和表面粗糙度在很大程度上决定于主轴的_____和

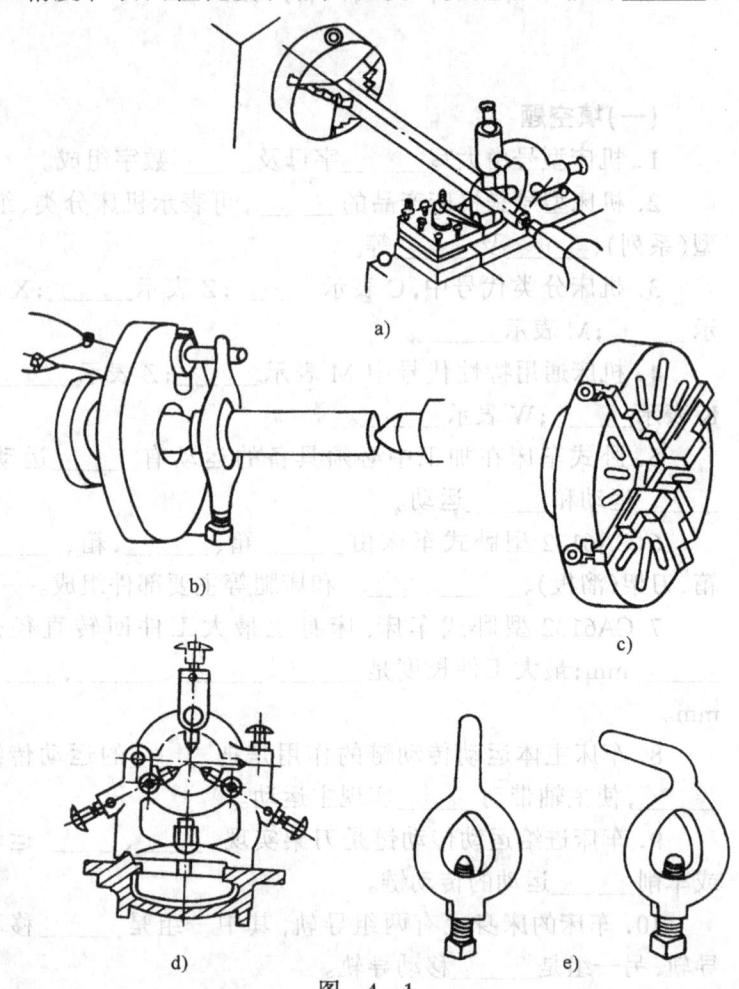

图 4-1

_____精度。

13. 根据图 4-1 所示,指出车床各种附件的名称。
a)_____;b)_____;c)_____;d)_____;e)_____。

14. 跟刀架的主要作用是防止工件的_____变形和承受_____切削力。

15. 被加工表面回转轴线与基准面_____且_____的工件,应装夹在花盘上车削。

16. 加工细长轴的三个关键技术是_____、_____、_____。

17. 指出图 4-2 中常用附件的名称。
a)_____;b)_____;c)_____;d)_____;e)_____;f)_____;g)_____。

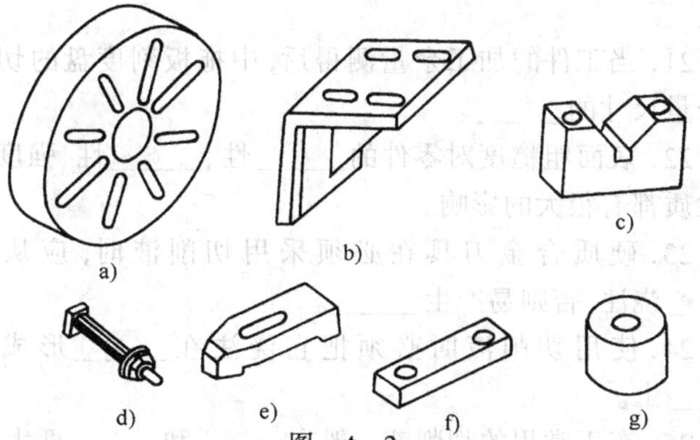

图 4-2

18. 指出图 4-3 中工件应装夹在角铁或花盘上车削。
应装夹在花盘上的_____；
应装夹在角铁上的_____。

19. 中心孔的种类有_____的(A 型)、_____的(B 型)和_____的(C 型)三种。

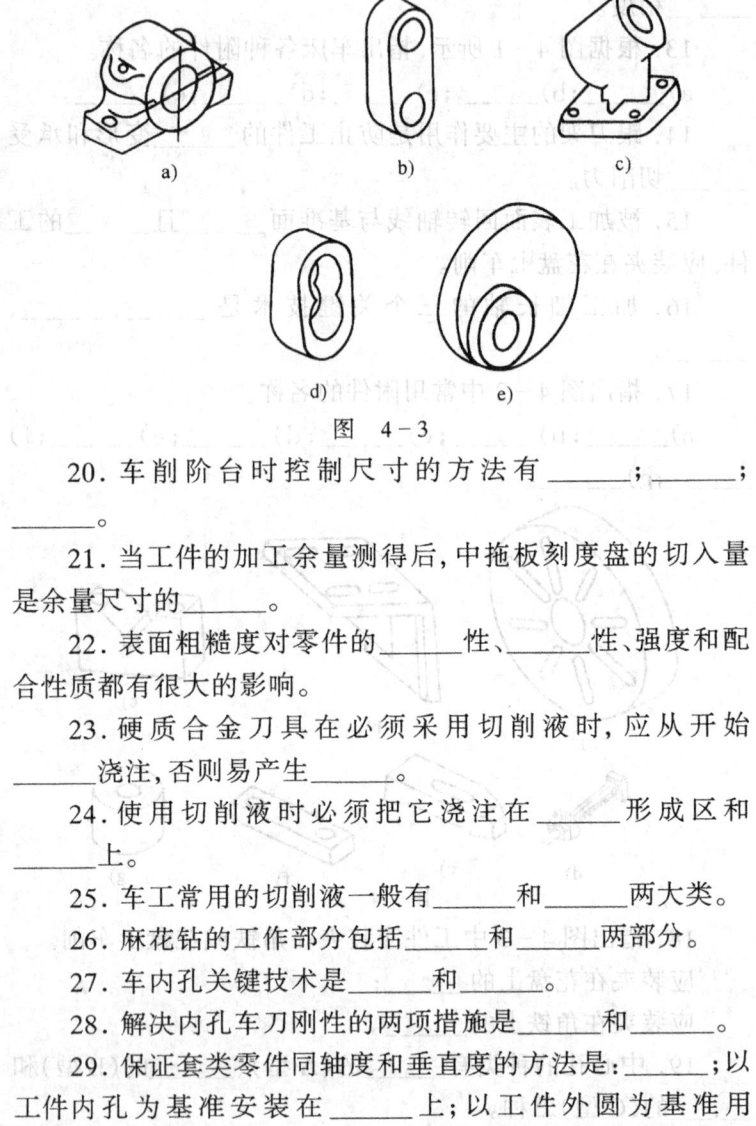

图 4-3

20．车削阶台时控制尺寸的方法有_____；_____；_____。

21．当工件的加工余量测得后，中拖板刻度盘的切入量是余量尺寸的_____。

22．表面粗糙度对零件的_____性、_____性、强度和配合性质都有很大的影响。

23．硬质合金刀具在必须采用切削液时，应从开始_____浇注，否则易产生_____。

24．使用切削液时必须把它浇注在_____形成区和_____上。

25．车工常用的切削液一般有_____和_____两大类。

26．麻花钻的工作部分包括_____和_____两部分。

27．车内孔关键技术是_____和_____。

28．解决内孔车刀刚性的两项措施是_____和_____。

29．保证套类零件同轴度和垂直度的方法是：_____；以工件内孔为基准安装在_____上；以工件外圆为基准用

_____装夹。

30. 高速钢铰刀铰孔时的余量约为_____ mm;硬质合金铰刀铰孔时的余量约为_____ mm。

31. 铰削 ϕ20H7、ϕ25H8、ϕ35H10 内孔时,铰刀尺寸应分别为_____、_____、_____。

32. 常用的两种工具圆锥是_____、_____。

33. 在图 4-4 中的尺寸线内,标注出圆锥各参数的代号,并注出各代号的名称。

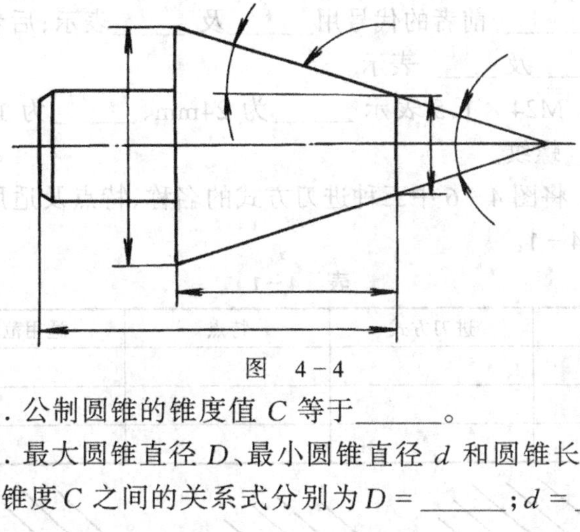

图 4-4

34. 公制圆锥的锥度值 C 等于_____。

35. 最大圆锥直径 D、最小圆锥直径 d 和圆锥长度 L 三个量与锥度 C 之间的关系式分别为 D = _____;d = _____;L = _____。

36. 圆锥半角与锥度之间的关系式为_____。

37. 成形面的车削方法有_____、_____、_____。

38. 成形刀的种类有_____、_____和_____。

39. 在螺纹牙型图 4-5 中标注出:原始三角形高度、螺距、牙型角、外螺纹大径、内螺纹小径。

40. 三角形螺纹分_____、_____及_____等三种。

41. M20 是表示大径为 20mm 的_____螺纹,它的螺距是_____mm。

42. 普通螺纹分_____和_____两种,牙型角为_____,前者的代号用_____及_____表示;后者的代号用_____及_____表示。

43. M24×1.5 表示_____为 24mm、_____为 1.5mm 的_____螺纹。

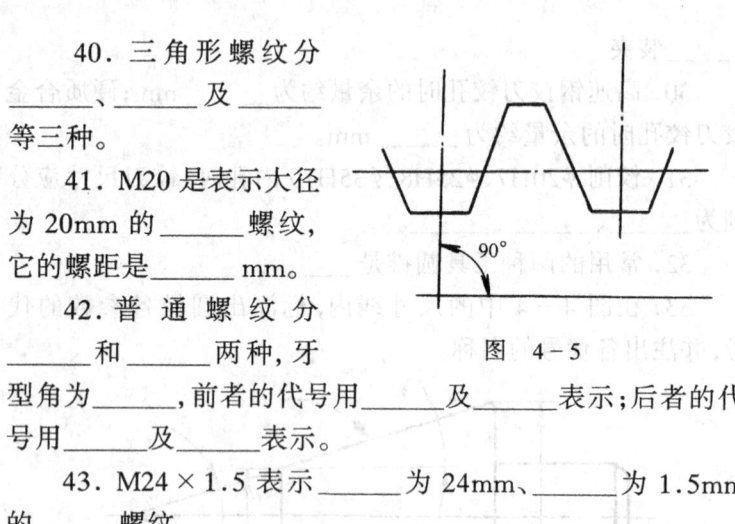

图 4-5

44. 将图 4-6 中三种进刀方式的名称、特点及适用范围填入表 4-1。

表 4-1

图序	进刀方式	特点	适用范围
a			
b			
c			

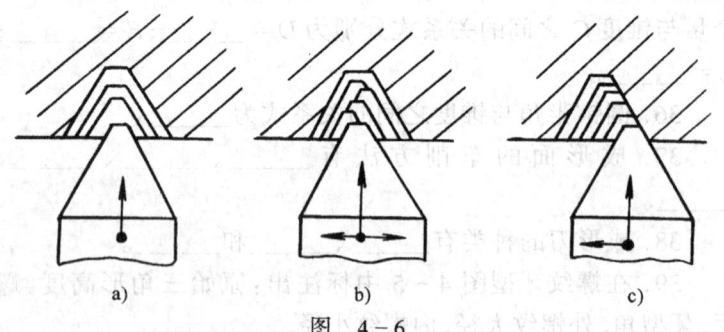

图 4-6

45. 车螺纹的传动比计算式是_____。

46. 复式轮系_____不能啮合。

(1) $z_1 = 30$ $z_2 = 75$ $z_3 = 80$ $z_4 = 100$ (   )

(2) $z_1 = 20$ $z_2 = 80$ $z_3 = 60$ $z_4 = 120$ (   )

(3) $z_1 = 50$ $z_2 = 40$ $z_3 = 80$ $z_4 = 120$ (   )

47. 根据已知条件,配换挂轮并填入表 4-2 内。

表 4-2

丝杠螺距 $P_丝$	工件螺距 $P_工$	挂　　轮
6mm	3mm	
12mm	每英寸4牙	

48. 根据已知条件,计算出未知条件并查出上、下偏差填入表 4-3 内。

表 4-3

螺纹代号	中　径		M　值	
	尺寸	偏差	尺寸	偏差
M16-5g6g				es
				ei
M10-6h-s				es
				ei

(二)选择题(把正确答案填在空格内)

1. 机床型号的第一个字母是 B,表明这部机床是属于_____类机床。

(a)车床;(b)铣床;(c)刨床;(d)磨床

2. 用专门的电子计算机,以数码形式编制加工程序来实现加工过程自动化的是_____。

(a)自动车床;(b)半自动车床;(c)数控车床

3. 安装正三边形或正六边形工件时,采用_____

(a)四爪单动卡盘;(b)三爪自定心卡盘;(c)鸡心夹头;(d)顶尖

4. 当加工特别长的轴类零件时,必须附加辅助支承_____。

(a)中心架或跟刀架;(b)鸡心夹头;(c)花盘;(d)顶尖

5. 车工件端面时,刀尖高度应_____工件中心。

(a)高于;(b)低于;(c)等于

6. 车螺纹时,车刀的刀尖角应_____牙形角。

(a)大于;(b)小于;(c)等于

7. 使用三爪自定心卡盘时,卡爪伸出卡盘外圆不允许超过卡爪长度的_____。

(a)1/2;(b)1/3;(c)1/4

8. 车削同轴度要求较高的轴类零件时,应采用_____作定位基准。

(a)外圆;(b)台阶端面;(c)前后中心孔;(d)外圆和中心孔。

9. 车削细长轴时,影响工件精度和造成切削振动的切削力主要是_____。

(a)主切削力;(b)轴向力;(c)径向力

10. 钻孔时,为了减少轴向力,应对麻花钻的_____进行修磨。

(a)棱边;(b)主切削刃;(c)横刃

11. 成批车削精度较高、长度较长的锥体零件时,应该选用_____车削。

(a)宽刃刀法;(b)扳转小刀架法;(c)靠模法

12. 车削小批量圆锥斜角 $\alpha = 20°$ 的圆锥孔(长度 $L =$

50mm)应采用_____车削。

(a)靠模法;(b)转动小拖板法;(c)偏移尾座法

13.车削外圆为莫氏锥体的零件时对锥体的检验应当用_____。

(a)万能游标量角器;(b)专用角度样板;(c)标准莫氏套规

14.车圆锥孔时车刀刀尖的安装一定要_____工件中心。

(a)高于;(b)对准;(c)低于

15.特形面一般要用_____来检验。

(a)千分尺;(b)游标卡尺;(c)样板;(d)角度尺

16.公制三角螺纹的刀尖角度等于_____。

(a)30°;(b)55°;(c)60°(d)40°

17.英制螺纹的螺距是用_____来表示。

(a)两牙之间的距离;(b)1英寸长度中的牙数;(c)螺纹全长上的牙数

18.在车削螺距较大的螺纹时,应注意适当增大刀具沿走刀方向的_____。

(a)前角;(b)后角;(c)刃倾角;(d)牙形角

19.测量三角螺纹中径用的量具一般是_____。

(a)游标卡尺;(b)外径千分尺;(c)螺纹千分尺

20.滚花时会产生很大的_____。

(a)主切削;(b)轴向;(c)径向挤压

21.装夹工件时三爪自定心卡盘的卡爪是_____,而四爪单动卡盘的卡爪是_____三爪自定心卡盘适用于_____,四爪单动卡盘适用于_____。

(a)装夹外形规则的中心型零件;(b)各自独立运动,分别

夹紧;(c)同步运动,能自动定心;(d)装夹较大或形状不规则的工件

22. 用偏移尾座法车圆锥时,尾座的偏移量与_____有关。

(a)工件长度;(b)圆锥长度;(c)锥度;(d)圆锥素线长度

23. 铰削铸铁工件时应采用_____。

(a)煤油;(b)乳化液;(c)切削液

(三)判断题(正确用√,错误用×)

1. 卧式车床车刀的纵向进给运动,是指车刀沿垂直于工件中心线方向移动。   (　)

2. 刀架用于装夹车刀,并使车刀作纵向、横向或斜向运动。   (　)

3. 尾座主要用于后顶尖支承较长工件;安装钻头、铰刀等进行孔加工。   (　)

4. CW6140车床的主轴中心高度为400mm。   (　)

5. 车削时,进给运动可以是刀具,也可以是工件。 (　)

6. 电动机的旋转运动经带轮传到主轴箱,在箱内经变向和变速机构再传到主轴。   (　)

7. 在车床上可车削公制、英制螺纹和蜗杆。   (　)

8. 三爪自定心卡盘可以安装各种形状工作。   (　)

9. 四爪单动卡盘的优点是装夹迅速,并能自动定心。
                                        (　)

10. 使用活顶尖比死顶尖车出的工件精度高。   (　)

11. 工件需多次调头装夹车削,采用两顶尖间装夹比一夹一顶装夹好。   (　)

12. 一夹一顶装夹工件比两顶尖间装夹工件的刚性差。
                                        (　)

13. 应用顶尖及鸡心夹头可安装长度与直径比值较大的轴类零件。（ ）

14. 偏移尾座法不能车锥度大的圆锥面和整体圆锥、圆锥孔。（ ）

15. 圆锥配合,圆锥角越小,定心精度越高,传递扭矩越大。（ ）

16. 车多头螺纹时,工件转一转,车刀需精确地移动一个螺距。（ ）

17. 粗车刀的前角、后角应比精车刀的前角、后角磨得大些。（ ）

18. 精车刀一般应磨出修光刃,粗车刀一般应磨出过渡刃。（ ）

19. 车脆性材料时,一定要在车刀前面磨出断屑槽。（ ）

20. 一般粗加工取大后角,精加工取小后角。（ ）

21. 前角增大,刀具强度也增大,刀刃也越锋利。（ ）

22. 车削硬、脆材料应取小前角,车削软材料和塑性材料应取大前角。（ ）

23. 粗加工应取小前角,精加工应取大前角。（ ）

24. 高速钢车刀应取小前角,硬质合金车刀应取大前角。（ ）

25. 为了锋利,成形刀选取大前角。（ ）

(四)名词解释

1. CA6140
2. CK6160
3. Z4012
4. 传动链

5. 圆锥角
6. 锥度
7. 螺纹
8. 牙型角
9. 牙型高度
10. 螺距
11. 中径
12. 螺纹的导程
13. 螺纹乱扣
14. 成形面

(五)问答题

1. 卧式车床主要由哪几大部分组成?
2. 卧式车床适用于哪些加工工作?加工精度和粗糙度等级是多少?
3. 使用小锥度实体芯轴加工零件有什么优缺点?
4. 使用三爪自定心卡盘装夹工件有什么优缺点?
5. 图4-7为外圆车刀各角度示意图,问前角15°、主后

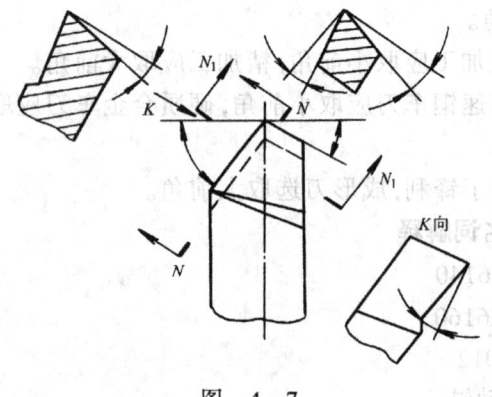

图 4-7

角 8°、副后角 6°、主偏角 45°、副偏角 45°和刃倾角 +3°各在图中什么位置?

6. 图 4-8 为切断刀各角度示意图,问前角 15°、主后角 6°、副后角 1°30′、副偏角 1°各在图中的什么位置?

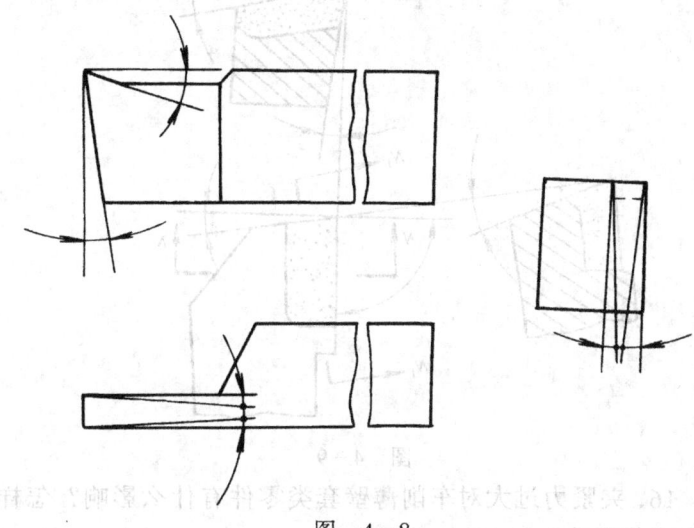

图 4-8

7. 图 4-9 是一把外圆偏刀的各角度示意图,已知前角 15°,主后角 8°,副后角 6°,主偏角 90°,副偏角 8°,问它们各在图中哪个相对应的位置?

8. 用卡盘夹持车削工件外圆时产生锥度超差的主要原因是什么?

9. 车削较长的轴类零件对工件有哪几种安装方法?

10. 在两顶针间安装工件时应注意什么事项?

11. 用前后顶尖装夹轴类零件进行车削有什么优缺点?

12. 车削过程产生振动的原因有哪些?

13. 应如何选择铰孔时的切削用量?

14. 车削内孔有什么特点？

15. 铰孔后造成孔的表面粗糙度大的主要原因是什么？

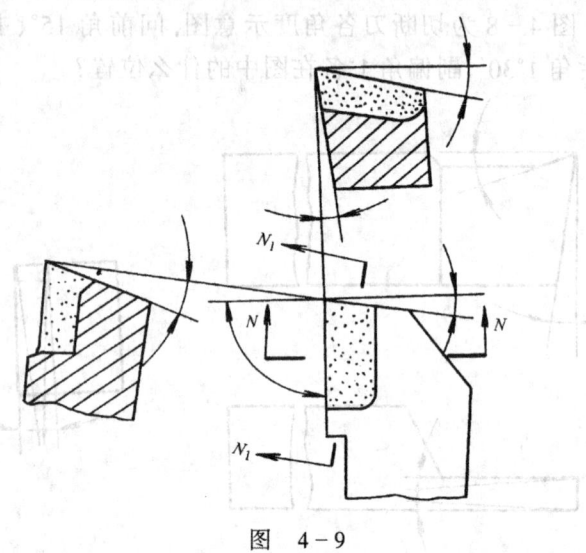

图 4-9

16. 夹紧力过大对车削薄壁套类零件有什么影响？怎样减少这些影响？

17. 安装切断刀时应注意什么问题？

18. 车端面时产生中凹和中凸的原因是什么？

19. 如何用小刀架车制要求较高的一对配套圆锥面？

20. 车制一锥度为 1:10 的圆锥孔，工艺规定留磨余量为 0.3~0.5mm，如果用标准量规测量余量值时，量规的阶台中心至工件端面的距离应为多少？

21. 加工锥度为 1:10 的圆锥孔，锥体角度已合格，但用塞规测量时孔的端面到塞规的刻线中心还有 8mm，问需吃刀多深，才能使锥孔尺寸合格？

22. 已知工件全长 L 为 350mm，其中部的锥体长为

200mm,锥度为 1:50,问用偏移尾座法加工,其尾座的偏移量是多少?

23. 车表 4-4 的工件 A、B、C 锥面,试决定小拖板应扳转的角度和方向。

表 4-4

图 例	加工表面	应扳角度	旋转方向
(见图)	A		
	B		
	C		

24. 车削公制三角螺纹时对车刀的刃磨和安装有些什么要求?

25. 已知车床丝杆螺距为 6mm,问车削 M20×1.5 螺纹时挂轮速比是多少?

26. 写出图 4-10 的工件的车削步骤(中碳钢、20 件)。

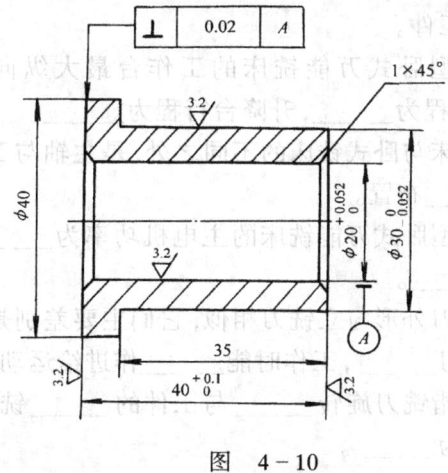

图 4-10

第五章 铣削加工

(一)填空题

1. 铣削加工是在铣床上使用_____对工件进行_____的一种方法。

2. 铣床的主运动是_____的旋转运动,铣削中,铣床工作台相对铣刀的_____为进给运动,工作台带动工件_____铣刀的运动是辅助运动。

3. 卧式万能升降台铣床是因它有_____,而设有_____的就称为卧式升降台铣床。

4. X6132型卧式万能铣床的主轴是前端带锥孔的_____,锥孔的锥度为_____,以便铣刀刀杆插入其中并随同_____去切削工件。

5. X6132型卧式万能铣床的工作台最大纵向行程为_____,横向行程为_____,升降台行程为_____。

6. 立式铣床与卧式铣床的不同之处,是主轴与工作台面_____,呈_____布置。

7. X6132型卧式万能铣床的主电机功率为_____,进给电机功率为_____。

8. 键槽铣刀外形与立铣刀相似,它们主要差别是键槽铣刀的端面切削刃_____,工作时能_____作进给运动。

9. 顺铣是指铣刀旋转_____与工件的_____铣削方式,方向相反的则为_____。

10. 逆铣时,刀齿对已加工的工件表面有挤压作用,会产生工件_____现象。

11. 铣削时因_____的变化,使切削力的_____变化,从而产生振动,导致表面粗糙度值增大。

12. 常见铣床的种类有_____铣床,_____铣床,_____铣床,_____铣床,_____铣床等五种。

13. X6132型铣床的垂直进给速度只相当于纵向进给速度的_____,其范围为_____mm/min。

14. 铣削用量的各个要素指的是_____,_____,_____和_____等。

15. 铣削对整个过程中_____,对每个刀齿是_____。

16. 铣刀转一转,工作台带动工件相对铣刀所移动距离即为_____。

17. 铣刀是一种_____,其结构较_____复杂。

18. T型槽是用三面刃铣刀或立铣刀将_____先加工出来,然后铣_____,最后_____。

19. X6132型机床的X表示为_____,6表示_____,1表示_____,32表示为_____。

20. 铣削用量的选择顺序,应当优先采用较大的_____或_____,其次是选择较大的_____,最后才选择适宜_____。

21. 阶梯铣削在装刀时注意刀Ⅰ～Ⅳ的径向距离应_____,而轴向距离则_____的分层顺序。

22. 铣键槽时,一般需要保证键槽_____精度,键槽与轴线的_____,键槽侧面的_____以及键槽的_____。

23. 铣削常用的对刀方法有_____法,和_____法两种。

24. 提高铣削生产率大体可以_____加工时间和_____时间两方面入手。

25．提高生产率的铣削方法有_____铣削_____铣削_____铣削。

26．铣削过程中，工作台进给中途停顿，而工件加工表面将会产生_____现象，这都是由于一系列原因造成一定的_____所至。

27．在不封闭的平头键槽铣削时，三面刃铣刀比立铣刀或键槽铣刀加工_____，但应将其宽度修磨到公差的_____，并用百分表校正_____跳动。

28．通常所见的万能分度头有_____型，_____型_____型三种，使用最多的是_____型万能分度头。

29．FW250型万能分度头表示：F_____，W_____，250_____。

30．对刀是为了保证键槽两侧面对外圆轴心线的_____要求，在铣键槽之前必须把工件的轴心线对准铣刀的_____。

31．键槽加工常用的方法有_____法和_____法两种。

32．简单分度是以工件_____作为计算依据，而角度分度法则是以工件所需_____，作为计算依据。

33．通常使用的分度方法有_____法_____法_____法和_____法。

34．差动分度法就是要松开分度盘，在主轴和挂轮轴之间装上_____使得转动手柄时，分度盘也稍微转过一个_____，这样手柄的实际转数，将是手柄相对于分度盘的转数与分度盘自身转数的_____。

35．直线移距分度法就是把分度头的主轴或侧轴与工作台纵向进给丝杆用_____连接起来，移距时只要转动_____，就可通过齿轮带动工作台移动一个所需的距离。

36．在铣床上加工齿轮的基本要求是保证_____和

_____。

37. 齿轮加工常采用的方法有_____法和_____法。

38. 分齿均匀主要是靠分度头的_____保证，而齿形主要是由铣刀的_____来保证。

39. 齿轮盘铣刀磨损后只须刃磨_____，就可以保持刀齿的_____不变。

40. 在铣削右螺旋槽时,应将工作台按_____方向扳动一个螺旋角β,铣左螺旋槽时,应将工作台按_____方向扳动一个螺旋角β。

(二)**选择题**(把正确答案填在空格内)

1. X6132型卧式万能铣床的主轴转速有_____,进给速度有_____。

(a)18级；(b)21级；(c)24级

2. X6132型卧式万能铣床进给运动的方向有_____。

(a)纵向；(b)横向；(c)垂直；(d)纵向、横向和垂直

3. 铣削加工时,采用逆铣的切削厚度是_____。

(a)无变化；(b)由大变小；(c)由小变大

4. 铣削与其他切削加工方法比较,它的进给量是_____。

(a)较小；(b)一般；(c)较大

5. 尺寸较大的铣刀刀体材料是_____。

(a)45钢；(b)T10；(c)W18Cr4r；(d)YG8

6. 用圆柱铣刀铣削平面时,铣刀宽度最好应_____工件宽度。

(a)大于；(b)等于；(c)小于

7. 如铣刀的直径(或宽度)等于键槽宽度,因铣刀刀齿的偏摆而引起工件槽宽_____。

(a)增大;(b)减少;(c)倾斜

8. X6132卧式万能升降台铣床的回转盘,在水平面内旋转的最大角度是_____。

(a)+45°;(b)-45°;(c)±45°

9. X6132型铣床的纵向进给速度与横向进给速度之比为_____,与升降进给速度之比为_____。

(a)1:3;(b)1:2;(c)1:1;(d)2:1;(e)3:1

10. X6132型铣床的进给方向的改变是利用_____来获得的。

(a)改变离合器啮合位置;(b)改变电动机线路;(c)改变传动系统轴数。

11. X6132型铣床的主轴和进给变速操纵机构是采用_____来实现的。

(a)孔盘控制变速机构;(b)凸轮控制变速机构

12. 用平口钳装夹一批自由尺寸直径的工件铣键槽,当首件中心调好后,接下加工的工件可能会出现_____变化。

(a)没有变化;(b)对称度变化;(c)深度变化;(d)对称度、深度变化

13. 键槽铣削时,工件装夹方法有多种,为保证质量最好用_____方法。

(a)机用平口钳;(b)V型架;(c)分度头

14. 万能分度头手柄摇10转,分度头主轴转过_____。

(a)10r;(b)4r;(c)1/4r

15. 分度盘固定,靠分度头分度手柄相对分度盘转过一定转数,使装夹在主轴上的工件转过一定角度的分度方法是_____。

(a)简单分度法;(b)角度分度法;(c)差动分度法

16. 用端面铣刀加工平面时,工件表面出现网状刀纹,证明主轴是_____。

(a)垂直;(b)不垂直;(c)倾斜

17. 分度头主轴除安装成水平位置外,还能扳成向上倾斜到_____,向下倾斜到_____。

(a)6°;(b)10°;(c)90°;(d)95°

18. 在立式铣床上用面铣刀铣削平面,铣刀轴线偏于工件中心线左侧称为_____。

(a)逆铣;(b)顺铣;(c)对称铣

19. 面铣刀铣削平面时,无论采用何种铣削方式,切削厚度都是有所变化的,顺铣_____,逆铣_____,对称铣_____。

(a)从小到大;(b)中大两小;(c)从大到小

20. 选取铣削时,刀具材料性质应首先考虑的因素,刀具材料的耐热性越好,则铣削速度可取得_____。

(a)越高;(b)适中;(c)越低

21. 螺旋槽铣削选用的铣刀应符合螺旋槽的形状,当铣削角度螺旋槽时只能用_____铣刀,当铣削矩形螺旋槽时只能用_____铣刀。

(a)双角铣刀;(b)单角铣刀;(c)三面刃铣刀;(d)立铣刀

22. 用不对称双角铣刀进行螺旋铣刀刃开齿时,应采用_____一面去铣削刀口前面。

(a)大角度;(b)小角度

23. 用立铣刀铣削螺旋槽时,则工作台应_____转角度。

(a)顺时针;(b)逆时针;(c)不必旋

24. 使用齿轮盘铣刀时,一般它的前角为0°,当铣刀磨损后须要刃磨前面,这样,刀齿的截形_____,若前角为+5°时,截形为_____,前角为-5°时截形为_____。

(a)稍肥;(b)稍瘦;(c)不变

(三)判断题(正确用√,错误用×)

1. 铣削是一种多刃刀具,可采用较大的铣削深度和进给量,因此,铣削是一种生产率比较高的加工方法。（ ）

2. 铣削时,有顺逆铣之分,所以刀具无论是正转或反转,工件都会被切下切屑。（ ）

3. 凡是机床主轴与工作台台面平行的都可称之为卧式万能升降台铣床。（ ）

4. 铣削时切削力及其变化比较大,要求铣床和夹具有较大功率和较好的刚性。（ ）

5. 铣削加工主要用于粗加工和半精加工的范畴。（ ）

6. 万能工具铣床是一种灵活方便、精度高且配有多种附件的机床,可替代卧式万能铣床进行批量生产。（ ）

7. 钻头与键槽铣刀同样有两个螺旋刀齿,均可用作键槽加工。（ ）

8. 立铣刀有圆周切削刃和端面切削刃,可以直接用来加工封闭圆头键槽。（ ）

9. 圆柱铣刀圆周上开有刀齿,可是端面上并无刀齿。（ ）

10. 顺铣时,刀齿的切削厚度由最大到零,对提高工件的加工质量、效率及刀具耐用度比较有利,因此得到广泛采用。（ ）

11. 在装夹铣刀时,应当注意铣刀的刃口必须和主轴旋转方向一致。（ ）

12. 用圆柱铣刀顺铣时,作用在工件的垂直切削分力起夹紧作用。（ ）

13. 圆柱铣刀在圆周上设有螺旋刀齿,主要用于卧式铣

床上铣平面。   （ ）

14. 铣削键槽,不但要保证槽宽的精度,而且还要保证槽的位置精度。   （ ）

15. 为提高工件表面质量,增加工作稳定性,一般铣床应尽量用逆铣加工。   （ ）

16. 铣削加工的刀具可作高速旋转,所以工件的表面粗糙度值很小。   （ ）

17. 铣削与镗削加工一样,都是工件作直线移动为进给运动。   （ ）

18. 用面铣刀铣平面时,无论采用对称铣或不对称铣削,对工件表面质量没有造成影响。   （ ）

19. 在高速铣削时,切削力不会因铣削速度的提高而成正比例增大。   （ ）

20. 用 V 形架装夹铣键槽,工件轴线的位置及深度不会因其直径变化而改变。   （ ）

21. 在相同的铣削条件下,圆周铣比端面铣获得的表面粗糙度值要小。   （ ）

22. 用端铣刀加工平面时,无论哪一方进给出现"拖刀"现象,都可说明铣床主轴轴线与进给方向不垂直。（ ）

23. 键槽铣刀铣削封闭圆头键槽时,不需要预先钻好平底孔。   （ ）

24. 尺寸较大的毛坯工件往往直接装夹在工作台上,用螺柱、压板压紧。   （ ）

25. 对于中小尺寸铣两平行面工件,可装夹在平口钳中,紧贴固定钳口即可。   （ ）

26. 在不影响加工的情况下,应尽可能使铣刀靠近主轴,并使支架尽可能靠近铣刀。   （ ）

27. 平面加工采用对称铣削,每一刀齿的切削过程一半为逆铣,一半为顺铣,两者作用刚好抵消,所以铣削厚度应是相等的。（　）

28. 工件材料对铣削速度的选择原则是,工件材料的强度、硬度越高,则铣削速度就越低,反之则应越高。（　）

29. 选用铣刀应符合工件螺旋槽的形状,否则铣削时会发生过切现象。破坏螺旋槽正确的剖面形状。（　）

30. 在 X6132 型铣床上加工齿条,采用主轴挂轮法分度,不加设任何机床附件,就能精确铣出高精度的齿距齿条。（　）

31. 侧轴挂轮法是将分度头侧轴与工作台纵向进给丝杠用挂轮连接起来,不必用通过蜗轮付传动和附加改装,就能实现较大移距量。（　）

32. 齿轮加工的基本要求是保证齿形正确和分度均匀等两项。（　）

33. 齿轮盘铣刀是一种成形铣刀,其刀齿的剖面形状相当于齿轮齿槽的剖面形状。（　）

34. 用齿轮盘铣刀铣齿条时,只能选择同一模数及压力角的 8 号铣刀。（　）

35. 铣一个齿数为 33 齿的齿轮,应该用 5 号铣刀(26～34),如改为 6 号铣刀是否可行？（　）

36. 铣削螺旋齿轮时,分度头的定位键无论装夹在工作台哪一条 T 形槽内,只要刀具对好中心和工作台扳动一个角度 β,就可进行铣削。（　）

37. 安装挂轮时,主动轮与主动轮可以交换,主动轮与被动轮不能交换。（　）

38. 若丝杆为右旋,则加工右螺旋槽时,工件与丝杆的旋

向应相同,加工左螺旋槽时,两者的旋向应相反。（　）

39．加工螺旋齿轮的刀号选择应与加工直齿轮的刀号选择方法相同。（　）

40．铣削螺旋槽时,要保证工件转 1 转,工作台纵向移动工件一个导程 L,即要纵向丝杆转 $L/P(\gamma)$。（　）

(四)名词解释

1．铣削速度 v

2．高速铣削

3．强力铣削

4．阶梯铣削

(五)问答题

1．铣床都可以加工哪些类型的表面?

2．何谓端面铣和圆周铣? 为什么在一般情况下,端面铣的生产效率和加工质量比圆周铣高?

3．在通常情况下,为什么圆周铣大都采用逆铣而不采用顺铣?

4．什么叫作对称铣削? 有何特点?

5．在铣削过程中,为什么不应在停止进给运动时让铣刀空转?

6．在装夹铣刀时,铣刀为什么要尽量靠近主轴前端? 不影响工作的条件下,为什么要尽量采用比较短的刀轴?

7．铣削用量的选择原则在实践过程中应有所侧重,在粗铣时应侧重什么? 精铣时又应保证什么?

8．为什么说提倡高速铣削与强力铣削结合是提高生产率最为有效的办法呢?

9．分度头有何主要功用? 为什么说它是铣床的重要附件?

10．万能分度头的主要结构与传动?

11. 什么是重磨式面铣刀？什么是不重磨式面铣刀？

12. 何谓整体刃磨式铣刀和体外刃磨式铣刀？各有哪些优缺点？

13. 直接分度法是如何进行分度的？

14. 简单分度法和角度分度法各所用于什么场合？用何公式？

15. 差动分度法用于何种场合？差动分度的原理是什么？

16. 差动分度可以解决任何等分的分度问题，但为什么对于螺旋齿轮及圆锥齿轮的质数等分无法应用呢？

17. 差动分度法需计算哪两项内容？用什么公式来计算？

18. 何谓直线移距分度法？

19. 什么叫作直线移距主轴挂轮法？和侧轴挂轮法？

20. 直线移距主轴挂轮法和侧柱轮法用什么公式？计算哪两项内容？

(六)计算题

1. 用 FW250 型万能分度头铣削直齿圆柱齿轮，齿 $Z_1 = 32, Z_2 = 55$，应分别如何分度？

2. 在 FW250 型分度头上，铣两条夹角为 20°的槽，应如何进行分度？若夹角为 33°36′则又应如何分度呢？

3. 用 FW250 型万能分度头铣削齿数为 $z_1 = 71$ 和 $z_1 = 107$ 的直齿圆柱齿轮，应如何进行分度？

4. 在 X6132 型铣床上，用支架(横向刀架)将铣刀横向安装铣齿条，齿条模数为 2mm，用 FW250 型万能分度头分度，试作直线移距主轴挂轮法和侧轴挂轮法的分度计算(取 $\pi = 22/7$)。

第六章 刨削加工

(一)填空题

1. 在刨削过程中刨刀(或工件)除做_____运动外,还做与行程方向相垂直的_____移动。
2. 牛头刨床主要由_____、_____、_____、_____和_____等部件组成。
3. 小型牛头刨床的刨削长度为_____mm以内,中型牛头刨床的刨削长度为_____mm,大型牛头刨床的刨削长度为_____mm以上。
4. 龙门刨和牛头刨相比,除了工作运动不同外,龙门刨还具有_____,_____,_____和加工精度高等特点。
5. 龙门刨床横梁上的两个垂直刀架可做_____运动,也可做_____运动。
6. 插床与牛头刨床在运动形式上的区别,在于_____的不同。
7. 按加工形状和用途不同,刨刀一般可分为_____、_____、_____、_____和_____等。
8. 在刨床上加工工件时,应根据被加工工件的_____和_____来选用机床和装夹方法。
9. 刨削较小工件平面时,一般可用预装在牛头刨床上的_____装夹;刨削较大的工件可直接装夹在牛头刨床的_____上;刨削大型工件则装夹在_____上。
10. 机用平口虎钳内装夹刚性不足的工件时需要

_____，以免夹紧后工件_____。

11. 机床型号 B2012A 的含义是：B 代表_____机床类；20 代表_____组型；12 代表_____为 1200mm，A 表示_____。

12. 牛头刨床曲柄摇杆机构的主要作用，是把电动机和变速机构传来的_____转变为滑枕的_____运动。

13. 牛头刨床的滑枕，由于有曲柄摇杆机构的带动，滑枕在床身的_____上作往复直线运动。

14. B6050 型牛头刨床的滑枕运动速度共有_____级；横向及垂向进给运动速度各有_____级。

15. 牛头刨滑枕行程长度调整时，只要改变滑块与大齿轮的偏心距即可，滑块偏心愈大，则行程长度_____；反之则_____。

16. 刨削水平平面时刀架和拍板都应在_____位置。

17. 刨刀由_____和_____两部分组成。

18. 龙门刨床主要用来刨削大型工件，它是利用工作台的_____运动和刨刀的_____来实现刨削加工的。

19. 插刀沿着垂直于水平面方向做的直线运动称为_____。

20. 刨削加工生产率低，是因为刨削主运动有_____，而且一般为_____切削，切削不连续。

21. 用于精刨代刮的宽刃刨刀，一般采用较大的刃倾角，这样可以增大刀具的_____，减小_____和_____。同时，还可以使刀刃全长_____切削，使切削平稳。

22. 刨刀后角的作用主要在于减少刀具与工件之间的_____和刀具后刀面的磨损。

23. 工件粗刨后要经过_____处理，半精刨后也要过一段时间后再进行精刨,其目的是消除_____。

(二)选择题(把正确答案填在空格内)

1. 刨刀前进切下切屑的行程称为_____。
   (a)工作行程;(b)越程;(c)空行程

2. 牛头刨床的进给运动是_____。
   (a)刨刀沿横向或垂直方向做间歇进给移动;(b)工件做与行程方向相垂直的间歇进给移动;(c)回转工作台圆周方向的进给

3. 龙门刨床的主运动是_____。
   (a)刨刀往复直线运动;(b)工作台往复直线运动;(c)刨刀间歇移动

4. 刨削工件时,工件上即将切削的表面叫做_____。
   (a)已加工表面;(b)待加工表面;(c)加工表面

5. 刨削工件时,工件上已经切削的表面叫做_____。
   (a)已加工表面;(b)待加工表面;(c)加工表面

6. 刨削工件时,工件上正在切削的表面叫做_____。
   (a)已加工表面;(b)待加工表面;(c)加工表面

7. 刨削工件时,刨刀头上与工件上已加工表面相对着的表面叫做_____。
   (a)前刀面;(b)后刀面;(c)基面

8. 刨刀头上直接与切屑接触的表面叫做_____。
   (a)前刀面;(b)后刀面;(c)基面

9. 刨刀的几何角度中能起控制排屑方向的几何角度是_____。
   (a)前角;(b)后角;(c)刃倾角

10. 精刨时,刨刀的刃倾角应选_____。
    (a)大于零;(b)等于零;(c)小于零

11．刨削水平面通常采用_____。

(a)角度刀；(b)弯切刀；(c)平面刨刀；(d)偏刀

12．刨平面时工件装夹不当，夹紧时产生弹性变形而引起的误差是_____。

(a)小沟纹或微小阶台；(b)倾斜倒棱面；(c)平面度不合格

13．刨削垂直面通常采用_____。

(a)平面刨刀；(b)切刀；(c)偏刀；(d)角度刀

14．牛头刨床工作台与滑枕运动的平行度超过要求，则刨削加工长方形垫铁时产生的误差是_____。

(a)不垂直；(b)不平行；(c)表面太粗糙

15．牛头刨床的主要参数是_____。

(a)最大刨削宽度；(b)最大刨削长度；(c)工作台长度；(d)工作台宽度

16．牛头刨床主要参数用其参数值的_____来表示。

(a)1/100；(b)1/10；(c)1

17．龙门刨床的主要参数是_____。

(a)工作台长度；(b)工作台宽度；(c)最大刨削宽度

18．B6050型牛头刨床的最大行程长度是_____mm。

(a)650；(b)600；(c)500

19．B5032型机床的主参数是_____。

(a)最大刨削长度；(b)最大刨削宽度；(c)最大插削长度

20．用宽刃刨刀精刨床身的导轨表面后，如果沿导轨长度方向存在纵向纹路，这是由于_____或者是_____造成的。

(a)刨刀刃口不平直；(b)刨刀刃口不锋利；

(c)刨刀刃口有缺口；(d)工作台运行不正常

21．采用大进给方式进行精刨代刮时，进给量应该

_____刨刀_____的宽度,否则,将在加工面上出现刀痕。

(a)大于;(b)等于;(c)小于;(d)主切削刃;(e)修光刃;(f)过渡刃

22. 精刨代刮时,背吃刀量 a_p 应该取_____的数值,否则,将会造成_____。

(a)很大;(b)很小;(c)加工表面粗糙度变粗;(d)加工面上出现麻点;(e)切削力大而使工件变形

(三)判断题(正确用√,错误用×)

1. 在牛头刨床上刨刀的往复运动称为主运动。（　）
2. 刨削是一种连续切削,因此切削速度不受限制。（　）
3. 刨刀的行程长度应与工件的刨削长度一致。（　）
4. 尖角形式刨刀的刀尖强度和散热条件均很差。（　）
5. 当刨刀刃倾角为正值时,切屑流向已加工表面。（　）
6. 用高速刀具刨削时,一般不使用切削液;用硬质合金刨刀刨削时,一般使用切削液。（　）
7. 采用精刨代刮精刨铸铁零件时,应严防机油滴洒在加工表面上,所以,也不能采用油类切削液。（　）
8. 刨削加工铸铁时采用机油做切削液最适宜。（　）
9. 装、卸刨刀时,用力方向不得由上而下,以免碰伤或夹伤手指。（　）
10. 刨刀安装在刀架上时,伸出的长度越长越好。（　）
11. 安装偏刀过程中扳转拍板座时,其上端必须向靠近工件加工表面的方向偏转。（　）
12. 滑枕的回程速度比工作行程速度要慢些。（　）
13. 机床型号中,刨(插)类机床的主要参数值均以参数

值的 1/10 来表示。（　　）

14．为了防止工件在搬运、装夹时产生变形或碰伤,精刨代刮应该放在最后一道工序进行。（　　）

15．如果工件的体积大,自重也很大,为了避免产生夹紧变形,精刨代刮时,可以不采用固定或夹紧工件的措施。（　　）

16．如果工件加工表面存在砂眼、气孔、夹砂等铸造缺陷,就不能直接采用精刨代刮方法进行精加工。（　　）

17．为了节省换刀时间,在精刨代刮过程中,修整加工和光整加工一般都采用同一把刨刀进行。（　　）

(四)名词解释

1．刨削加工
2．工作行程
3．越程
4．行程长度
5．空行程
6．刨削进给运动
7．刃倾角

(五)问答题

1．什么是刨削加工?
2．刨床工作的基本内容有哪些?
3．如何正确安装偏刀?
4．为什么难以进行高速刨削?
5．牛头刨床有哪些组成部分?
6．常用刨刀有哪几种? 一般各用在什么场合?
7．牛头刨床调整前应做哪些准备工作?
8．牛头刨床的操纵调整内容有哪些?

9. 牛头刨床、龙门刨床和插床的主运动和进给运动有什么区别?

10. B6050 型牛头刨床中有哪几条传动链?

(六)计算题

1. 根据 B6050 型牛头刨床主传动结构式

电动机 ($N=4\text{kW}, n=1500\text{r/min}$) — $\dfrac{\phi 95}{\phi 362}$ — $\begin{bmatrix} 25 \\ \dfrac{53}{48} \\ \dfrac{30}{52} \\ 26 \end{bmatrix}$ $\begin{bmatrix} 23 \\ \dfrac{57}{31} \\ \dfrac{49}{40} \\ 40 \end{bmatrix}$ — $\dfrac{23}{115}$ —曲柄摇杆机构—滑枕

试求:

(1)滑枕每分钟的最大往复次数?

(2)滑枕共有几级往复行程的次数?

2. B6050 型牛头刨床快速传动结构式

电动机 ($N=4\text{kW}, n=1500\text{r/min}$) — $\dfrac{\phi 95}{\phi 362}$ — $\dfrac{30}{70}$ — $\dfrac{70}{60}$ — $\dfrac{31}{69}$ — $\dfrac{25}{16}$ — $\dfrac{23}{18}$ — $\begin{bmatrix} \text{横向丝杆 } P=5\text{mm} \\ \dfrac{35}{35} \quad \dfrac{15}{19} \\ \text{垂直丝杆 } P=5\text{mm} \end{bmatrix}$ —工作台

试求工作台横向快速移动的速度?

第七章 磨削加工

(一)填空题

1. 磨削是用_____对工件进行加工的方法。
2. 磨削的工艺范围很广,可以磨削_____、_____、_____、_____及_____。
3. 磨削加工的一般精度是_____,最高精度是_____。表面粗糙度的 R_a 值一般_____,最高是_____。
4. 镜面磨削是_____加工方法。
5. 万能外圆磨床与外圆磨床在结构上的区别在于_____。
6. 在万能外圆磨床上可磨削_____、_____和_____。
7. 在无心磨床上,工件不需要用_____装夹,而是置于_____之间,由_____支持着,依靠被磨表面自身定位进行磨削。
8. 无心外圆磨削贯穿法适宜磨_____,切入法适宜磨削_____轴类零件。
9. 机床型号 M1432A,M 表示_____,1 表示_____,4 表示_____,32 表示_____,A 表示_____。
10. M7120A 磨床的主运动是_____,进给运动是_____、_____和_____。
11. 在平面磨床上安装工件,对于_____等磁性零件用_____安装,对于_____等非铁磁性零件采用_____或_____等通用夹具安装。

12. 带动磨床工作台作纵向进给运动的是_____装置。

13. 在万能外圆磨床上加工工件常用_____、_____和_____装夹。

14. 以_____为砂轮修整的工具。

15. 磨孔加工方法适用于_____孔、_____的孔,及_____精密孔。

16. 结合剂的性能决定砂轮的_____、_____及_____能力。

17. 砂轮是由_____、_____和_____构成的,其中_____是构成砂轮的基本要素。

18. 决定砂轮特性的有_____、_____、_____、_____及_____五个参数。

19. 磨料的粒度是指磨料颗粒_____,砂粒号数越大表示粒度越_____,而微粉值小表示粒度_____。

20. 粗磨时采用_____粒度的砂轮,精磨时应选细度的砂轮。

21. 磨削软材料时应选_____粒度的_____砂轮,以避免_____。

22. 磨削硬质合金钢要选_____砂轮,避免_____。

23. 成形磨削应选_____砂轮及组织_____的砂轮,以保持_____。

24. 磨钝的磨粒适时地自动脱落,使新的锋利的磨粒露出继续磨削,这就是砂轮的_____。

25. 砂轮因在高速情况下工作,故在装上磨床前必须经过_____。

26. 采用中心孔定位的外圆磨削中,当两端中心孔存在同轴度误差时,则使外圆表面呈_____误差。

27．内圆磨削的主运动为_____；进给运动包括_____、_____以及_____。

28．平形砂轮用于磨_____和_____，_____用于刃磨刀具。

29．根据所给条件选择砂轮的磨料、粒度和结合剂。

(a)精磨淬火钢件_____

(b)粗磨铸铁件_____

(c)切割钢件的薄片砂轮_____

(d)精磨硬质合金刀片_____

(e)磨钢件上螺纹_____

30．磨削图 7-1 所示零件上有加工符号的表面,回答问题。

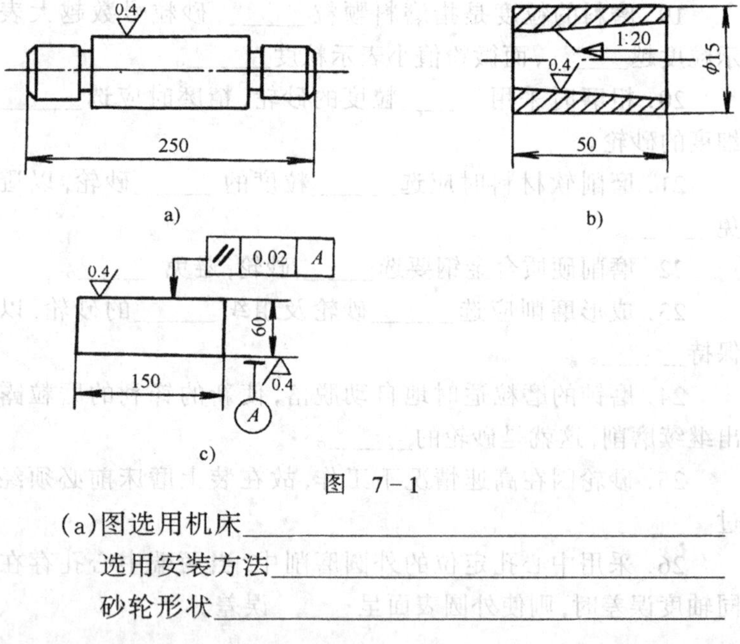

图 7-1

(a)图选用机床_____

选用安装方法_____

砂轮形状_____

切削运动方向_____
(b)图选用机床_____

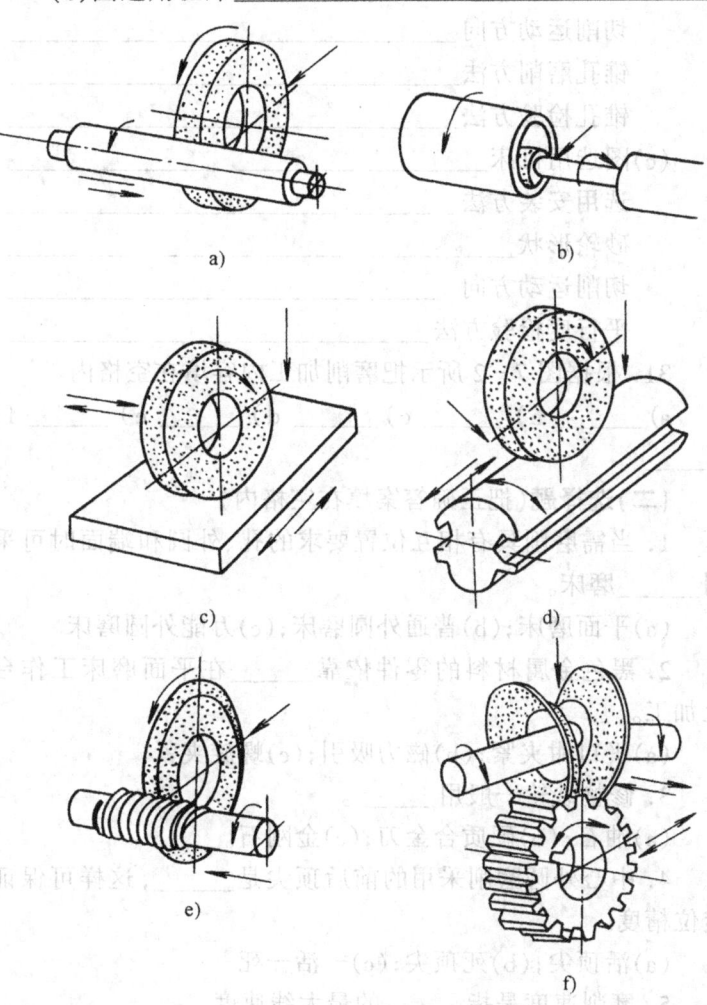

图 7-2

  选用安装方法_____
  砂轮形状_____
  切削运动方向_____
  锥孔磨削方法_____
  锥孔检验方法_____
(c)图选用机床_____
  选用安装方法_____
  砂轮形状_____
  切削运动方向_____
  平行度检验方法_____

31. 根据图7-2所示把磨削加工内容填在空格内。
  a)_____ b)_____ c)_____ d)_____ e)_____ f)_____

(二)选择题(把正确答案填在空格内)

1. 当需磨削具有相互位置要求的孔、外圆和端面时可采用_____磨床。

  (a)平面磨床；(b)普通外圆磨床；(c)万能外圆磨床

2. 黑色金属材料的零件依靠_____在平面磨床工作台上加工。

  (a)平口钳夹紧；(b)磁力吸引；(c)螺旋夹紧

3. 修整砂轮一般用_____。

  (a)油石；(b)硬质合金刀；(c)金刚石。

4. 中心外圆磨削采用的前后顶尖是_____，这样可保证定位精度。

  (a)活顶尖；(b)死顶尖；(c)一活一死

5. 磨削速度是指_____的最大线速度。

  (a)工件；(b)砂轮；(c)工作台

6. 导轨磨削采用_____时因加注的切削液四周飞溅不易进入磨削区域而采用干磨。

(a)端面磨削;(b)周边磨削;(c)成形磨削。

7. 安装砂轮前应进行_____。

(a)冲击试验;(b)硬度试验;(c)静平衡试验

8. 砂轮的硬度主要取决于_____。

(a)磨料的硬度;(b)结合剂的粘结能力;(c)磨粒的综合力学性能。

9. 磨削软金属时应选_____粒度,组织_____的_____砂轮。

(a)粗;(b)细;(c)紧密;(d)疏松;(e)软;(f)硬

10. 无心磨削为获得准确的圆形,必须调整工件的中心位置,使它_____砂轮与导轮中心连线。

(a)高于;(b)低于;(c)等高于

11. 在万能外圆磨床上磨削小锥度的长锥面是调整_____在水平面内的角度,而磨削大锥度的短圆锥孔则调整_____在水平面内的角度。

(a)工件夹架;(b)砂轮架;(c)工作台

12. 磨外圆时,砂轮转向与工件转向_____,磨内圆时,砂轮转向与工件转向_____。

(a)相同;(b)相反。

13. 磨削钢件选用_____切削液。

(a)机油;(b)煤油;(c)低浓度乳化液;(d)高浓度乳化液

(三)**判断题**(正确用√,错误用×)

1. 磨削具有切削速度高,尺寸精度易于控制,故只用于精加工。　　　　　　　　　　　　　　　　　(　)

2. 硬砂轮是指磨粒难脱落的砂轮。　　　　　(　)

3. 磨削时都需使用切削液,以利冷却、润滑和清洗。
( )

4. 同种磨料可以做出硬度不同的砂轮。 ( )

5. 修正砂轮的目的是恢复其磨削性能和外形精度。
( )

6. 砂轮可以加工硬质合金材料,这是由于磨粒具有极高的硬度。 ( )

7. 金刚石砂轮可用来磨削各种材料的零件。 ( )

8. 砂轮的硬度愈高,磨粒愈硬。 ( )

9. 磨软金属材料宜用粗粒度硬砂轮。 ( )

10. 圆周磨削的质量高于端面磨削,所以导轨面宜采用圆周磨削。 ( )

11. 内孔磨削砂轮易磨损,需经常修整和更换,故宜采用硬的砂轮。 ( )

12. 在内圆磨床上磨孔时,如果砂轮轴向进给的导轨和主轴轴线不平行,其后果将使工件的中心线偏斜并与端面不垂直。 ( )

(四)名词解释

1. 砂轮硬度
2. 无心磨削
3. 自锐性
4. 纵磨法
5. 砂轮粒度
6. 砂轮组织
7. 圆周磨削
8. 端面磨削

(五)问答题

1. 将图7-3所示万能外圆磨床主要部件名称填在括号内,并用箭头标出主运动及进给运动方向。

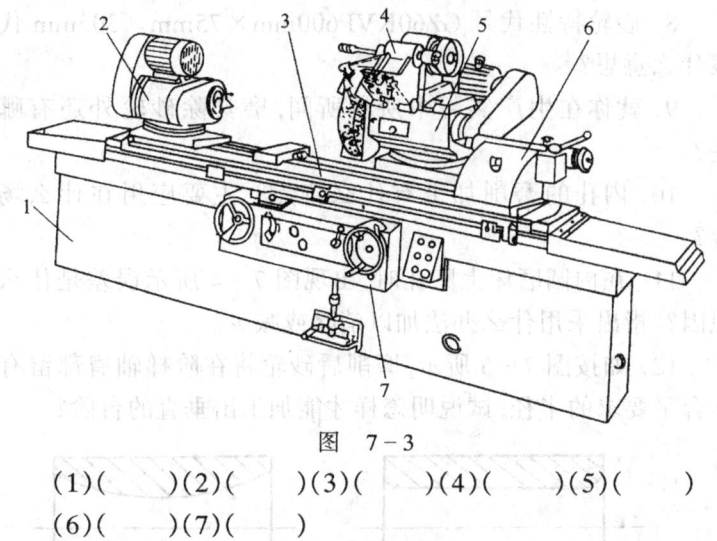

图 7-3

(1)(　　)(2)(　　)(3)(　　)(4)(　　)(5)(　　)
(6)(　　)(7)(　　)

2. 试从刀具、机床、切削用量和加工质量方面,比较磨削加工与其它加工方式的不同点。

3. 磨床的工作台采用何种传动方式?该传动方式有何优点?

4. 砂轮使用一段时间后,为什么要修整?修整砂轮使用什么工具?

5. 下列磨床分别可以加工哪些表面?

(a)外圆磨床	
(b)万能外圆磨床	
(c)内圆磨床	
(d)平面磨床	

6. 试述纵磨法磨削外圆的操作步骤有哪些?

7. 外圆中心磨削时，工件为何常用死顶尖安装？实际安装时，应注意哪些问题？

8. 砂轮特性代号 GZ60KVP600mm×75mm×305mm 代表什么意思？

9. 就你在生产实习中所见所闻，磨具除砂轮外还有哪些？

10. 内孔的磨削加工有什么特点？主要应用在什么场合？

11. 在内圆磨床上磨孔时，出现图 7-4 所示误差是什么原因？指出采用什么办法加以消除或减少。

12. 如按图 7-5 所示，磨削后砂轮将在阶梯轴肩部留有不合乎要求的半径，试说明怎样才能加工出垂直的台阶？

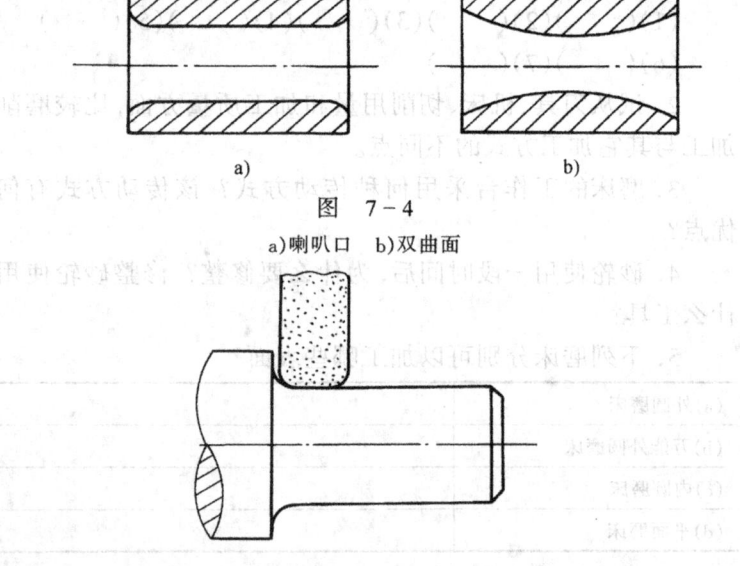

图 7-4

a) 喇叭口 b) 双曲面

图 7-5

(六)计算题

磨削薄板零件时,由于工件单面受热,上下两表面之间温差为 T,导致工件凸起,中间磨去较多,加工完冷却后,表面产生中凹的形状误差。如工件为钢材,其线膨胀系数为 $\alpha = 1.07 \times 10^{-5}/℃$,工件长度 $L = 1.5m$,厚度 $s = 300mm$,温差 $T = 4℃$,求其形状误差值。

第八章 其它加工方法简介

(一)填空题

1. 钻床按其结构可分为_____、_____、_____和_____钻床等。

2. 钻孔加工刀具应同时完成两个运动:一是_____,即刀具绕轴线的_____运动,它是切下(除)_____的运动;二是_____运动,即刀具沿着轴线方向的_____运动,它是切削得以_____进行的运动。

3. 扩孔是对_____的孔进行_____,为_____或_____作准备。

4. 钻孔快钻通时,必须减少_____,变_____为_____,这样可避免钻头在钻通孔时的瞬时因_____骤然增大而"啃刀",影响加工质量。

5. 手用丝锥用于_____操作攻制螺纹,一般由_____只或_____只组成,即_____,_____及_____,攻丝时应依次使用。

6. 螺旋槽铰刀铰削时比直槽铰刀铰削_____,排屑_____。

7. 攻螺纹是用_____在内孔中切制_____,攻螺纹一般由_____操作,成批生产时也可在钻床上作_____。

8. 在镗床上镗孔,不仅可以得到较高的_____精度,而且容易保证孔的_____精度,如孔系的_____度,_____度,_____度及_____距等。

9. 卧式镗床的主要参数是_____。

10. 镗刀主要用于镗床对孔系的加工,根据其结构不同,可分为_____镗刀,_____镗刀,_____镗刀。

11. 渐开线齿形切削方法很多,但就其加工原理不同可分为_____和_____两种。

12. 滚齿时,滚刀相当于_____,工件相当于_____,被切齿轮与滚刀按一定的_____运动。

13. 插齿刀精度等级分为_____、_____、_____级,分别适用于加工_____,_____,_____级齿轮。

14. 滚切直齿圆柱齿轮时,滚齿机应完成_____运动,_____运动和_____运动。

15. 当用右旋滚刀加工齿轮时,展成运动为_____方向旋转,用左旋滚刀加工齿轮时为_____方向旋转。

16. 插齿齿形是由插齿刀齿形_____连续位置_____而成。

17. 插齿刀刃磨时,插齿刀和砂轮都要旋轮,并且砂轮还要沿轴线作_____运动。

18. 插齿刀是一个具有_____连续变化的_____齿轮,它可以与不同_____系数的齿轮正确啮合,因而无论新旧插齿刀均可加工出与其_____相同的标准和_____齿轮。

19. 插齿机的让刀运动,是由刀具_____的摆动实现。

20. 插齿刀的每一个刀齿由一个_____和两个_____组成。

21. 插削模数较大的齿轮时,由于插齿刀的_____较差,切削用量_____切削过程又有_____损失,故生产率较低。

22. 展成法是利用_____原理进行齿形加工的方法。

23. 插齿时,插齿刀沿工件_____作直线往复运动。

24．让刀运动是为了减少刀具与工件之间的_____。

25．插齿的圆周进给量通常_____，而且可以_____，故齿面的表面粗糙度 R_a 值_____。

(二)选择题(把正确答案填在空格内)

1．直齿插齿刀有三种类型，其中应用最广泛的是_____。

(a)盘形插齿刀；(b)碗形插齿刀；(c)锥柄插齿刀

2．插齿刀上下往复运动为_____。

(a)主运动；(b)进给运动

3．齿轮零件在机器中起的作用是_____。

(a)连接；(b)传动；(c)定位

4．齿轮轮廓大多为_____。

(a)双曲线；(b)抛物线；(c)渐开线

5．T619镗床的主运动是_____。

(a)镗床平旋盘的旋转运动；(b)工作台圆周进给运动；(c)主轴的轴向运动。

6．提高孔表面质量的方法有_____。

(a)扩孔；(b)铰孔；(c)用麻花钻扩孔

7．攻螺纹时，机用丝锥一般分为_____。

(a)单只；(b)两只一套；(c)三支一套

8．加工齿轮时滚刀轴线必须倾斜，用以保证_____。

(a)刀具旋转方向与工件旋转方向一致；

(b)刀具螺旋角与工件螺旋角相等；

(c)刀齿切削方向与工件轮齿方向一致

9．滚刀在切齿过程中适时窜刀是为了_____。

(a)提高刀具耐用度；(b)使齿轮齿厚均匀；(c)调整滚刀位置

10. 滚刀的刀齿切削方向与被切齿轮的轮齿方向垂直时,则切出_____。

(a)直齿圆柱齿轮;(b)斜齿圆柱齿轮;(c)蜗轮

(三)判断题(正确用√,错误用×)

1. 摇臂钻与立钻的加工范围是相同的。　　　　　(　)
2. 立钻主轴的中心位置能自动调整。　　　　　　(　)
3. 摇臂钻床的摇臂能在一定范围内转动。　　　　(　)
4. 钻孔时,钻削的背吃刀量是钻头直径的一半。　(　)
5. 钻孔时切削用量愈大,单位时间内切除金属量愈小。

(　)

6. 钻孔快钻通时,应增大进给量。　　　　　　　(　)
7. 钻孔时,加切削液是为了延长钻头的使用寿命。

(　)

8. 在扩孔精度要求较高或大批量生产时,一般都采用麻花钻进行扩孔。　　　　　　　　　　　　　　(　)
9. 扩孔钻钻心较粗,没有横刃,刀齿数较少。　　(　)
10. 扩孔尺寸的精度一般可达 1T11～1T10,表面粗糙度值约为 R_a6.3～3.2mm。　　　　　　　　　　　(　)
11. 铰孔是为了获得较高精度的孔。　　　　　　(　)
12. 采用直槽铰刀比螺旋铰刀铰削平稳,排屑方便。

(　)

13. 铰削余量大小,对孔的加工质量影响不大。　(　)
14. 铰孔时孔口出现喇叭口是因钻床主轴偏摆。　(　)
15. 钻孔时切削液使用不当会使孔壁表面粗糙度值增大。　　　　　　　　　　　　　　　　　　　　(　)
16. 铰刀的倒角部分就是切削部分。　　　　　　(　)
17. 在镗床上加工工件主要是进行孔系加工。　　(　)

18. 铰孔造成孔径超差的原因有:
(a)铰孔时铰刀偏摆造成孔径扩大; （ ）
(b)形成喇叭口,是因铰刀刚性差; （ ）
(c)孔表面粗糙度值高,是因钻头偏摆。 （ ）
19. 采用丝锥夹头时,当丝锥负荷过重,会自动停止转动。 （ ）
20. 浮动镗刀就是利用镗刀杆来调整切削位置的。 （ ）
21. 展成法是利用一对相啮合的齿轮原理进行齿形加工的。 （ ）
22. 滚齿加工时滚刀相当于小齿轮,工件相当于大齿轮按一定传动比运动。 （ ）
23. 齿轮齿形是由插齿刀齿形(即刃口)数个连续位置包络而成的。 （ ）
24. 滚齿机附加运动主要是使螺旋圆柱齿轮,形成一个螺旋运动轨迹。 （ ）
25. 滚齿时,为保证切出合格的齿轮,应使滚刀切削齿的运动方向与被加工齿轮的齿向相反。 （ ）

(四)名词解释

1. 攻螺纹
2. 浮动镗刀
3. 金刚镗床
4. 展成法
5. 仿形法
6. 让刀运动
7. 展成运动
8. 窜刀

(五)问答题

1. 钻床有哪些类型？各有何特点？并指出钻床的主运动和进给运动。
2. 根据图 8-1 指出钻床的主要工作内容。

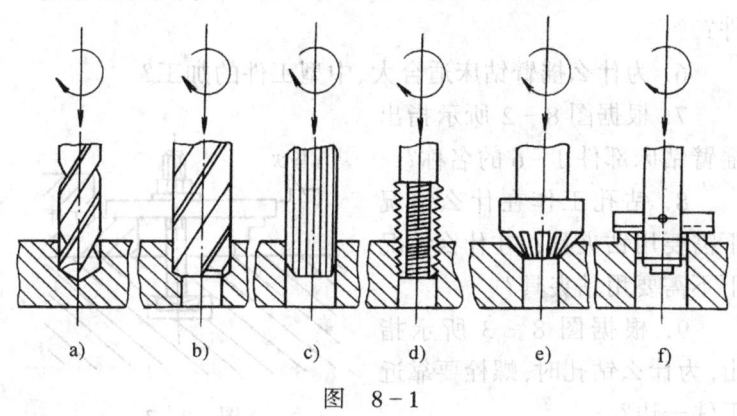

图 8-1

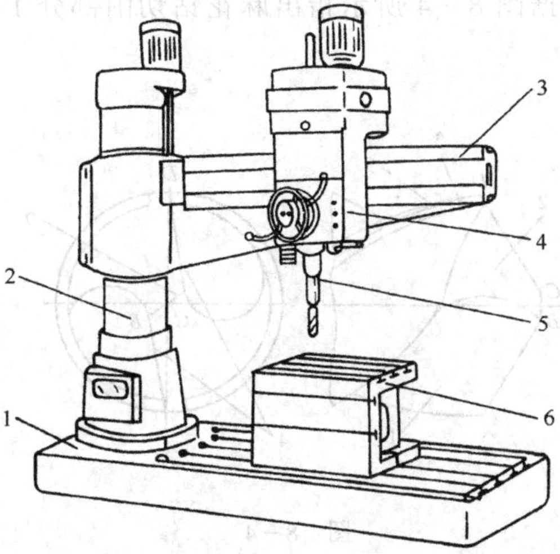

图 8-2

3. 台式钻床是怎样变换主轴转速的？主轴能得到几级转速？

4. 为什么立钻与台钻比允许采用较大的切削用量？

5. 为什么在立式钻床上不适宜加工尺寸大而笨重的工件？

6. 为什么摇臂钻床适合大、中型工件的加工？

7. 根据图8-2所示指出摇臂钻床部件1～6的名称？

8. 钻孔工作在什么情况下需要用钻夹具？在什么情况下不需要用钻夹具？

9. 根据图8-3所示指出，为什么钻孔时，螺栓要靠近工件一边？

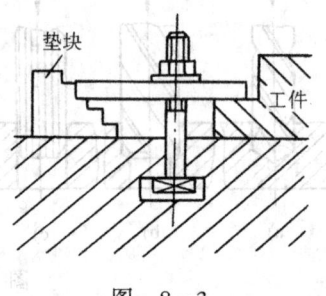

图 8-3

10. 根据图8-4所示指出麻花钻切削部分1～6的名称？

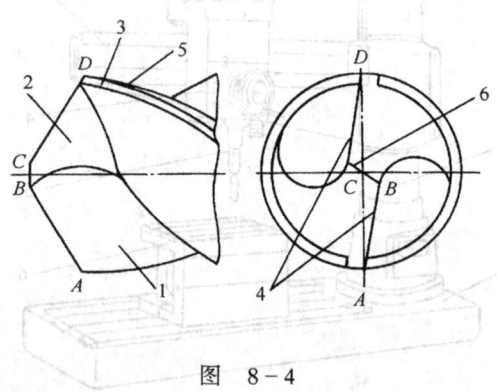

图 8-4

11. 根据图 8-5 所示指出麻花钻是由哪几部分组成及各组成部分名称?

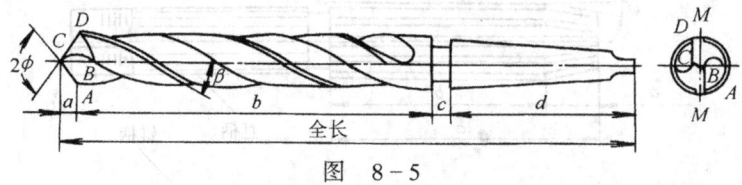

图 8-5

12. 钻孔时切削用量应怎样选择?
13. 在钻通孔快钻通时为什么要减小进给量?
14. 钻孔时怎样能提高钻头寿命?
15. 为什么钻孔时会出现钻偏的现象? 应怎样纠正偏位现象?
16. 根据图 8-6 所示指出扩孔钻与麻花钻有什么不同? 为什么扩孔的精度要比钻孔高?

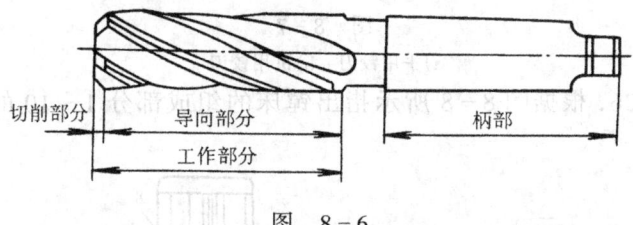

图 8-6

17. 为什么钻削铸铁和青铜材料时不用使用切削液?
18. 钻孔、扩孔、铰孔的特点及应用范围是什么?
19. 根据图 8-7 所示指出铰刀各组成部分名称?
20. 铰刀分为机用、手用两种,使用时应怎样选择?
21. 铰孔为什么能提高孔的质量?
22. 铰孔时孔径超差是什么原因造成的? 应怎样避免?
23. 为什么采用丝锥夹头会起到保护丝锥的作用?
24. 采用丝锥夹头退出丝锥时应采取什么方法?

25. 镗床有哪些类型？各有什么特点？

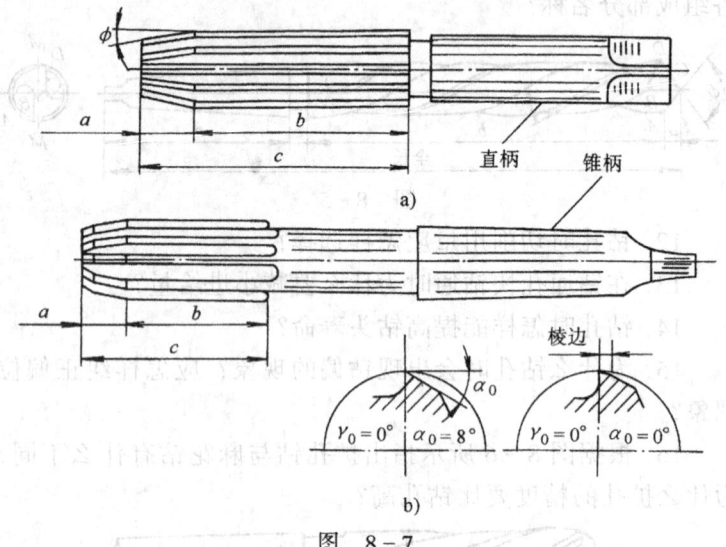

图 8-7
a) 手用铰刀 b) 机用铰刀

26. 根据图 8-8 所示指出镗床的组成部分 1～10 的名称？

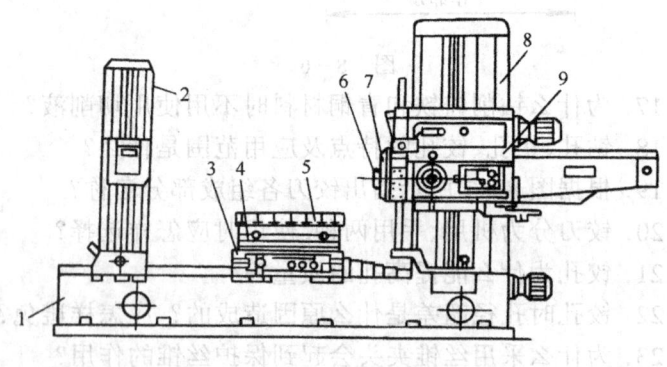

图 8-8

27. 为什么在镗床上可加工尺寸精度、位置精度较高的孔系?

28. 根据图8-9所示指出镗床的主要加工方法?

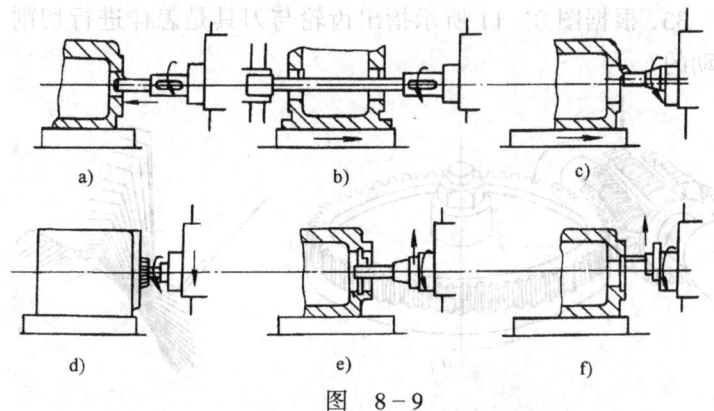

图 8-9

29. 根据图8-10所示指出各种镗刀的用途。

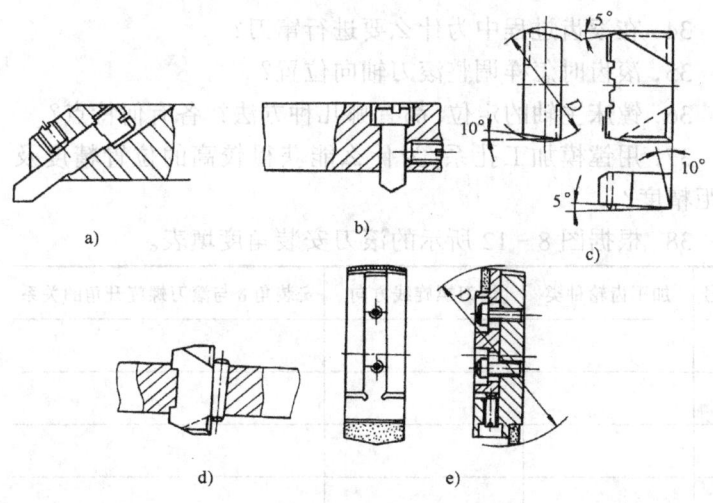

图 8-10

30. 浮动镗刀与一般镗刀块有何区别？其特点是什么？

31. 悬臂镗削法和双支承镗削法各有何特点？

32. 齿轮加工中仿形法和展成法各有何特点？

33. 根据图 8-11 所示指出齿轮与刀具是怎样进行切削运动的？

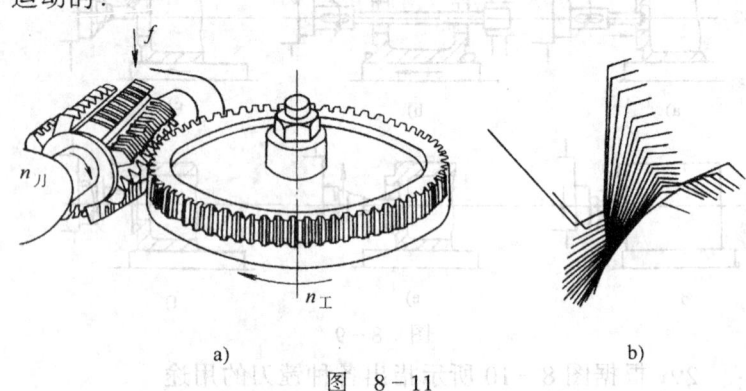

图 8-11

34. 在滚齿过程中为什么要进行窜刀？

35. 滚齿时怎样调整滚刀轴向位置？

36. 镗床主轴的定位，都有哪几种方法？各有何特点？

37. 用镗模加工孔系，为什么能获得较高的位置精度及孔距精度？

38. 根据图 8-12 所示的滚刀安装角度填表。

图号	加工齿轮种类	滚刀螺旋线方向	安装角δ与滚刀螺旋升角的关系
a			
b			
c			
d			

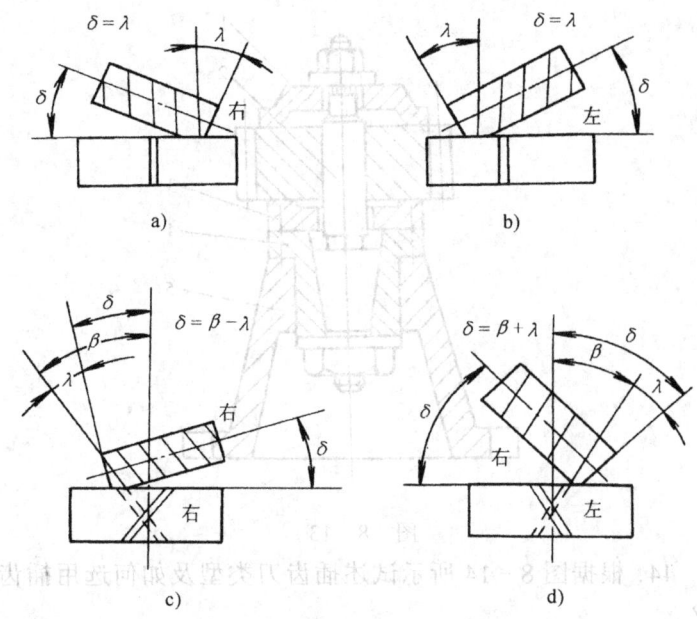

图 8-12

39. 切齿时,工件有两种装夹方式:即内孔定心端面支承和外圆定心端面支承。哪种适用大批生产?

40. 根据图 8-13 所示指出该夹具属哪种装夹方式?并将各组成件填在括号内。

(1)(　　) (2)(　　) (3)(　　) (4)(　　)
(5)(　　)

41. 插齿机的主运动是指什么运动?进给运动是指什么运动?

42. 插齿时为什么要进行让刀运动?

43. 简述插齿同滚齿相比有何特点?

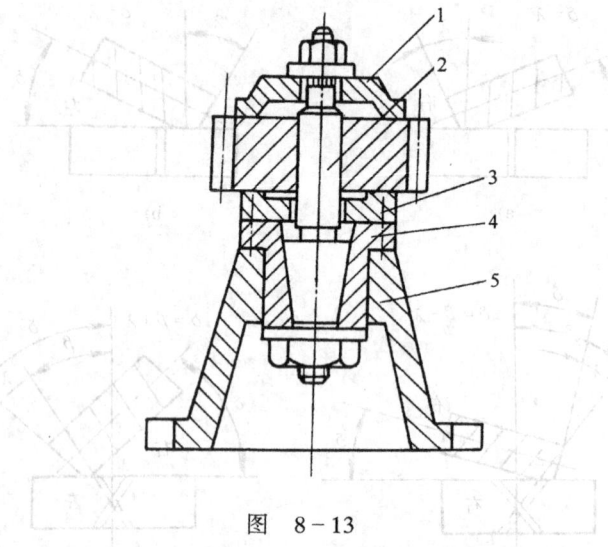

图 8-13

44．根据图 8-14 所示试述插齿刀类型及如何选用插齿刀？

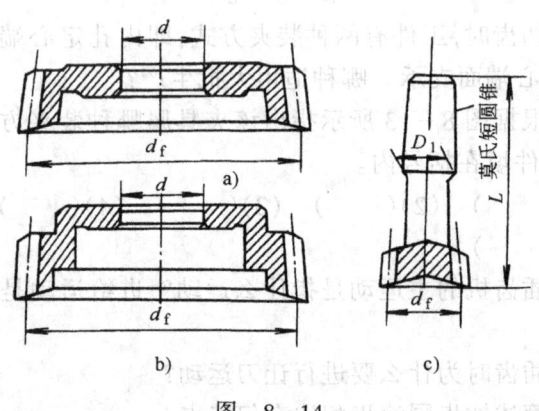

图 8-14

45. 根据图 8-15 所示简述插齿加工原理，插齿机应具有的运动。

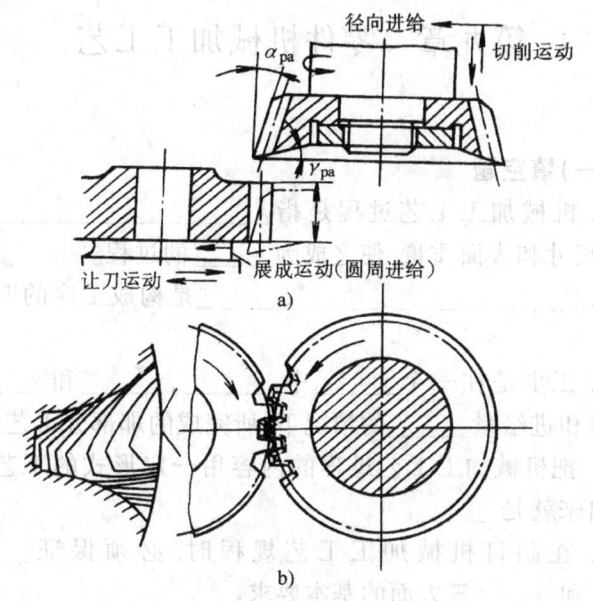

图 8-15

46. 经过插齿的齿轮，为什么齿形误差和表面粗糙度 R_a 值较小，而公法线长度变运动较大？应如何减小？

47. 插齿为什么多用于中、小模数齿轮的加工？

48. 展成法加工齿轮齿形的方法有几种？各有什么特点？应用范围如何？

第九章 零件机械加工工艺

(一)填空题

1. 机械加工工艺过程是指_____形状,尺寸和表面质量,使之成为_____的过程。

2. _____、_____、_____、_____是构成工序的四个要素。

3. 工步是在一个_____中,_____、_____和_____中的转速和进给量_____的情况下,所完成的那部分工艺过程。

4. 把机械加工工艺过程的内容用一定形式的工艺文件表示出来就是_____。

5. 在制订机械加工工艺规程时,必须保证_____、_____和_____三方面的基本要求。

6. 机械制造业的生产可分为三种类型:_____生产、_____生产和_____生产。

7. 单件小批生产,生产率_____,而用_____机床生产率可提高,成本较_____。

8. 单件小批生产采用_____的原则,尽量选用_____机床,_____夹具,_____量具,_____刀具。

9. 大批大量生产中,采用_____的原则,使用高效率的_____机床和_____刀、夹、量具。

10. 装夹是指工件在机床或夹具上正确_____并_____的过程。

11. 工位是工件在_____,在机床上_____。

12．零件的机械加工工艺过程一般划分为_____阶段，_____和_____阶段。各阶段划分大致以_____为界。

13．机械加工工序安排应遵循_____、_____，_____的原则。

14．常用的毛坯种类有_____、_____、_____、_____、_____。

15．轴承盖的材料为铸铁，毛坯应选用_____。

16．滑动轴承的轴承套材料为锡青铜，毛坯应采用_____。

17．减速器中的中小传动轴材料为 45 号钢，采用_____作毛坯。

18．齿轮轴应采用_____毛坯。

19．形状复杂的毛坯宜选用_____方法制造。

20．自由锻造件的加工余量_____，精度_____，生产率_____。

21．模锻件加工余量_____，精度_____，生产率_____。

22．型材有热轧和冷拉两种，_____型材适用于自动机加工。

23．轴类零件常用的毛坯是_____、_____或_____。

24．加工轴类零件时的定位基准主要有_____和_____两种。

25．外圆表面常用的加工方法是_____和_____。

26．基准重合即选_____为定位基准。

27．粗加工阶段的主要任务是_____和为以后的工序提供_____。

28．精加工阶段的任务是_____，使各精度指标达到图纸要求。

29. 获得尺寸精度的方法有 _____、_____、_____、_____。

30. 在一道工序中所切除的金属层厚度称为_____；切除后所得到的加工尺寸就叫做_____。

31. 加工总余量是指_____金属层总厚度。

32. 工件在机床上的定位方式有_____、_____、_____。

33. 加工平面一般采用_____、_____、_____方法。

34. 顶尖孔加工时,为避免中心钻引偏,应先加工轴的_____。

35. 加工盘套类零件的主要工艺问题是_____,及_____。

36. 切削加工时,一般粗加工余量_____,精加工余量_____。

37. 热处理工序的安排主要取决于零件的_____和热处理的_____及_____。

38. 锻件的退火或正火,安排在毛坯制造_____,粗加工_____,以改善切削性能和消除毛坯的内应力。

39. 轴类零件加工完后,检验的项目有_____、_____、_____,表面_____和_____等。

40. 块规零件的终加工是_____。

(二)**选择题**(把正确答案填在空格内)

1. 在不同的生产类型下,同一产品的工艺过程是_____。

(a)相同的；(b)相似的；(c)不同的

2. 生产类型的划分是根据产品的_____。

(a)年需求量;(b)年生产量;(c)年销售量

3．重型机械产品制造和新产品试制都属于_____。

(a)单件;(b)小批;(c)中批;(d)大量

4．制订工艺规程的最基本的原始资料是_____。

(a)装配图;(b)零件图;(c)工序图

5．_____是组成工艺过程的基本单元。

(a)工序;(b)工步;(c)走刀;(d)工位

6．精加工齿轮坯在车床上车外圆,大端面和车内孔,此时安装应为_____。

(a)一次;(b)二次;(c)三次

7．机械加工中,用以确定工件位置的基准,称为_____。

(a)工艺基准;(b)定位基准;(c)测量基准;(d)装配基准

8．具体指导工人进行操作和帮助车间工作人员掌握生产情况的是_____卡片。

(a)工艺过程综合;(b)机械加工工艺;(c)机械加工工序

9．工序集中的优点是减少了_____的辅助时间,利于保证各表面的_____精度。

(a)测量工件;(b)调整刀具;(c)安装工件;

(d)形状;(e)尺寸;(f)位置

10．工序集中到极限时,把零件加工到图样规定的要求为_____工序。

(a)一个;(b)二个;(c)多个

11．热处理工序在零件的工艺过程中有重要地位。通过热处理(1)提高零件的加工精度;(2)提高材料的机械性能;(3)改善切削性能;(4)消除内应力。正确的是_____。

(a)(1)、(2);(b)(2)、(3)、(4);(c)(1)、(2)、(3)、(4)

12．某一表面在一道工序中所切除的金属层厚度为

_____。

(a)加工余量;(b)工序余量;(c)总余量

13. 精基准选择在_____,而粗基准使用在_____。

(a)前;(b)后

14. 为改善切削性能,消除锻造应力,锻造后的毛坯先进行_____。

(a)调质;(b)正火;(c)回火

15. 机械加工中的主要辅助工序是_____。

(a)热处理;(b)检验;(c)油漆;(d)包装

16. 一个工人在同一台车床对一轴类零件车端面、车外圆、切断,此时工序应为_____。

(a)一个;(b)二个;(c)三个

17. 加工轴类零件时,保证各外圆表面的同轴度以及各外圆与端面的垂直度要求的定位基准是_____。

(a)外圆;(b)中心孔;(c)端面

18. 工件的安装包括_____过程。

(a)一个;(b)二个;(c)三个

19. 轴类零件的材料通常采用_____,需安排热处理工序为_____。

(a)低碳钢;(b)中碳钢;(c)高碳钢

20. 外圆直径相差较大的阶梯轴采用_____。

(a)热轧圆棒料;(b)冷拉圆棒料;(c)锻件;(d)铸钢件

21. 成批生产轴承套,毛坯材料为铸造锡青铜棒料件,其孔加工采用_____。

(a)钻—精车;(b)钻—车—铰;(c)钻—车—磨

22. 在卧式铣床上铣四方,采用立式转台,先铣出二平面,将立式转台转90°铣出另外二平面,此时工位是_____。

(a)一个;(b)二个;(c)三个;(d)四个

23. 对于 IT5 级，$R_a < 0.2\mu m$，其外圆加工方案可选_____。

(a)粗车—半精车—精车;(b)粗车—半精车—磨;

(c)粗车—半精车—精车—研磨

24. 工件在机床上定位，采用直接找正法比划线找正法定位精度_____。

(a)高;(b)低;(c)相差不大

25. 对于孔的加工余量来说，其大小等于_____。

(a)$Z = D_a - D_b$;(b)$2Z = D_a - D_b$;

(c)$Z = |D_a - D_b|$;(d)$2Z = |D_a - D_b|$

26. 单件小批生产时应选择精度较低和生产率较低的毛坯制造方法，如_____以降低毛坯成本。

(a)机器砂型铸造;(b)手工造型铸件;(c)熔模铸造

27. 对未经淬火直径较小孔的精加工应采用_____，经淬火后则应采用_____。

(a)铰削;(b)镗削;(c)磨削

28. 淬火通常安排在_____之后，_____之前。

(a)粗加工前;(b)粗加工后;(c)半精加工前;

(d)半精加工后;(e)精加工前;(f)精加工后

(三)判断题(正确用√,错误用×)

1. 由于夹紧后工件的位置已固定不动，所以夹紧也自然包含着定位。( )

2. 工件在机床上定位采用直接找正法比划线找正法的定位精度高。( )

3. 在不同的生产类型下，同一产品的工艺过程是相同的。( )

4. 定位是指被加工零件在机床上的位置固定不动。
( )
5. 表面粗糙度低,就是表面质量好,两者是同一概念。
( )
6. 粗基准的选择,有时选毛坯面,有时选已加工表面。
( )
7. 为提高表面质量,机械加工余量选得越小越好。
( )
8. 粗加工时应在功率大,精度低,刚性好的机床上进行。
( )
9. 对相同精度等级的孔和外圆加工,前者加工困难些。
( )
10. 工序集中的特点之一是每一工序中所加工内容少。
( )
11. 工序分散适合于单件小批生产类型。 ( )
12. 只要工人能按图纸要求加工零件,则只需安排终检工序。
( )
13. 一个工人在同一台车床上先完成一批零件的粗车,然后再对这批零件进行精车应算作两个工序。 ( )
14. 一次安装后,工件在机床上占据的加工位置只有一个。
( )
15. 每个工序只有一次安装。 ( )
16. 用几把刀具同时加工几个不同的表面,在工艺规程中可作为一个工步。
( )
17. 本工序加工余量的公差等于上工序尺寸公差和本工序尺寸公差之差。
( )
18. 工序余量的大小等于上工序的工序尺寸与本工序的

工序尺寸之差的绝对值。 ( )

19．轴的工序基本尺寸为最大极限尺寸；孔的工序基本尺寸为最小极限尺寸。 ( )

20．加工轴类零件时，用轴的两端中心孔作为精基准，这符合"基准统一"和"基准重合原则"。 ( )

21．在粗车工序中，外圆表面的加工顺序是：先加工小直径的外圆，再加工大直径的外圆。 ( )

22．加工具有小直径深孔的套筒，应先加工孔，再以孔为定位基准加工外圆。 ( )

23．箱体上的轴承孔加工主要采用钻—扩—铰方法，以保证同轴度。 ( )

24．任何零件的机械加工都必须划分加工阶段。 ( )

25．同样大小及形状的轴类零件，需要热处理的和不需要热处理的相比，前者应留较大的加工余量。 ( )

26．在主轴锥孔中插入检验心棒，测定其径向跳动，测得的数值就是主轴的径向跳动误差。 ( )

27．当要求孔与其端面垂直时，应尽可能在一次装夹中加工。 ( )

28．对经淬火的外圆表面，精加工应采用磨削。 ( )

29．欲提高主轴加工精度，必须在每个加工阶段开始修研顶尖孔。 ( )

30．中心孔是轴类零件加工的辅助定位基准。 ( )

31．一个工步只包括一次加工行程。 ( )

(四)名词解释

1．机械加工工艺过程

2．机械加工工艺规程

3．工艺路线

4. 工艺系统
5. 工序
6. 工步
7. 工位
8. 加工余量
9. 安装
10. 粗基准
11. 精基准
12. 定位基准
13. 基准重合
14. 基准统一
15. 工序集中
16. 工序分散
17. 加工精度
18. 经济精度
19. 试切法
20. 调整法
21. 直接找正
22. 划线找正

(五)问答题

1. 机械加工工艺过程应包括哪些方面?
2. 说明制订零件加工工艺规程的步骤有哪些?
3. 对被加工零件进行工艺分析,通常包括哪些内容?
4. 在确定零件的加工顺序时应考虑哪些因素?
5. 生产类型怎样确定? 各种生产类型在加工方法和工人技术熟练程度上有何不同要求?
6. 工艺规程的作用是什么?

7. 对工序简图的要求有哪几点?

8. 说明影响工序加工余量的因素和确定余量的方法。

9. 试说明划分加工阶段的主要目的。

10. 工件的安装方式有哪几种? 其工艺特点如何?

11. 顶尖孔在轴类零件加工中起什么作用? 在什么情况下需进行顶尖孔的修研?

12. 提高零件机械加工工序的生产率有哪些技术措施?

13. 钢质锻造主轴通常安排哪些热处理工序? 这些工序何时安排? 目的何在?

14. 图 9-1 所示零件的 A、B、C 面,ϕ10H7 及 ϕ30H7 孔均已加工,试分析加工 ϕ12H7 孔时,选用哪些表面定位最为合理? 为什么?

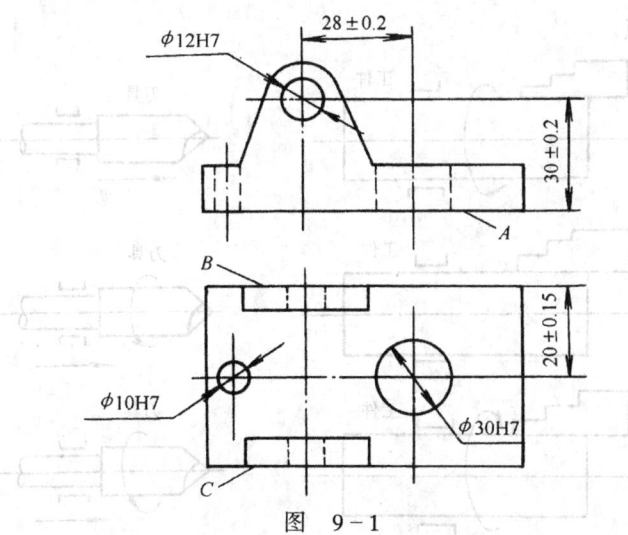

图 9-1

15. 零件加工过程中为什么要安排热处理工序? 热处理工序位置安排规律怎样?

16. 将左右对应者划直线连接：

箱体轴承孔　　　　立式钻床上加工
轴类零件中心孔　　卧式镗床上加工
箱体螺钉孔　　　　车床上加工
端盖螺纹底孔　　　摇臂钻上加工

17. 支架支承孔中心高有公差要求和无公差要求的加工方案有何区别？

18. 图 9-2 所示工件的纵向长孔，若是先镗好后再用铰刀进行手铰，这样的工艺安排是否合理？就你所学工艺知识提出改进措施。

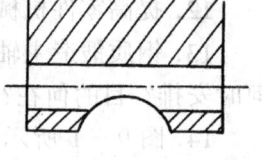

图 9-2

19. 回答图 9-3 所示三种深孔加工工艺案所获得的精度特点。

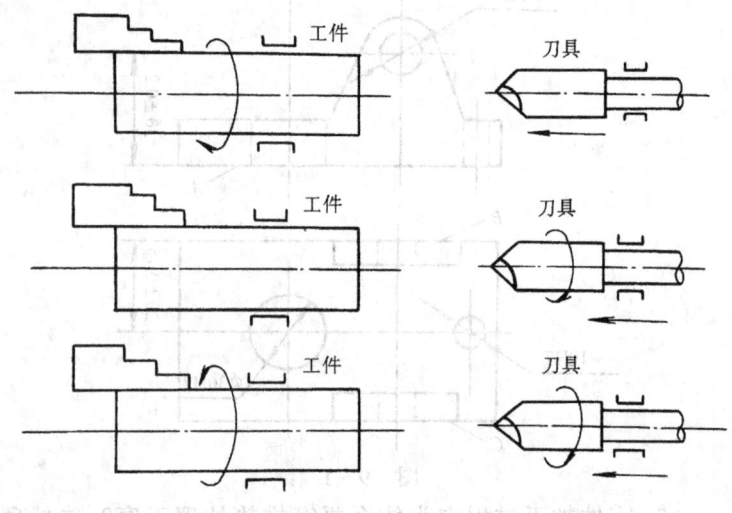

图 9-3

20. V 形块尺寸如图 9-4 所示，拟在铣床完成加工过程。毛坯选用长 105mm,宽 74mm,厚 64mm 的长方形中碳钢锻件。单件小批生产中,用平口虎钳装夹,采用通用的铣刀进行加工。试编制铣 V 形铁的铣削步骤。

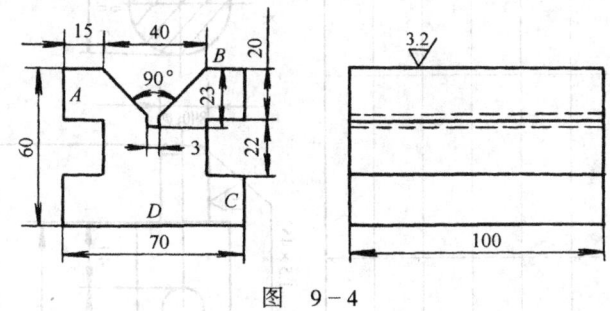

图 9-4

21. 加工图 9-5 所示零件上注有尺寸和粗糙度要求的内圆表面,回答你认为最好的加工方案?

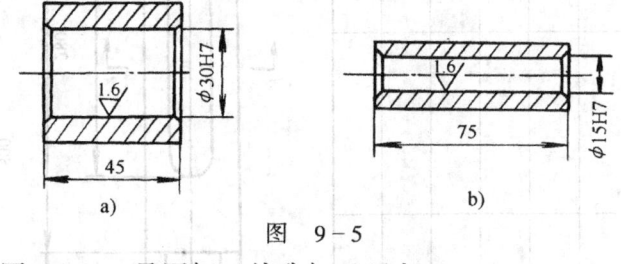

图 9-5

图 a (1) 45 号圆钢 2 件孔加工顺序。

(2) 45 号圆钢 200 件孔加工顺序。

图 b (1) 黄铜棒料,2 件。孔加工顺序。

(2) 黄铜棒料,200 件。孔加工顺序。

22. 加工下列零件上的平面,选择你认为最好的加工方法?

(1) 150×50×20 平行垫铁上的 150×50 的平面,粗糙度 R_a 值为 $0.8\mu m$,淬火处理。

(2) 检验用的平板,尺寸为 500×400,粗糙度 R_a 值为

工序号	工序内容	机床	刀具	夹具	量具

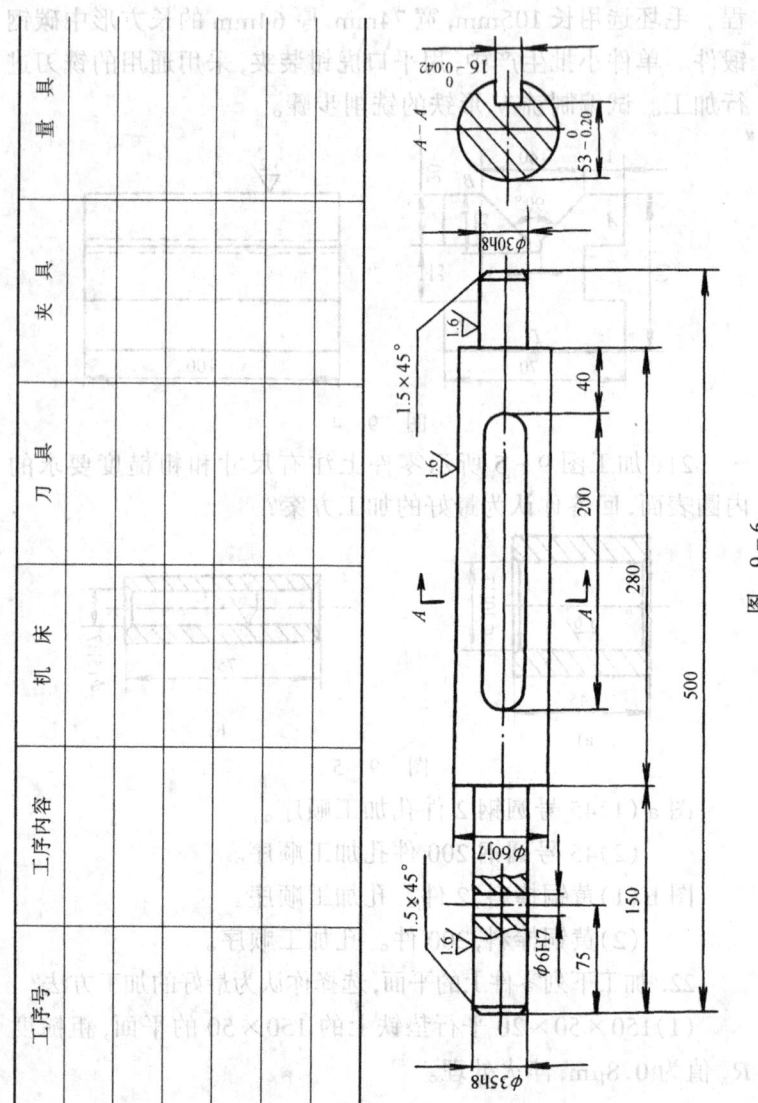

图 9-6

0.4μm,平面度公差为0.01mm,数量为2件。

23.根据图9-6所示轴的零件图,将各加工工序及工艺装备填入表内。(大量生产)

24.根据图9-7所示零件图,铸铁毛坯、孔未铸出,填表并回答问题?问题:为何 A 面用车削,B、C 面却用铣削?

工序号	设备	工序名称及内容

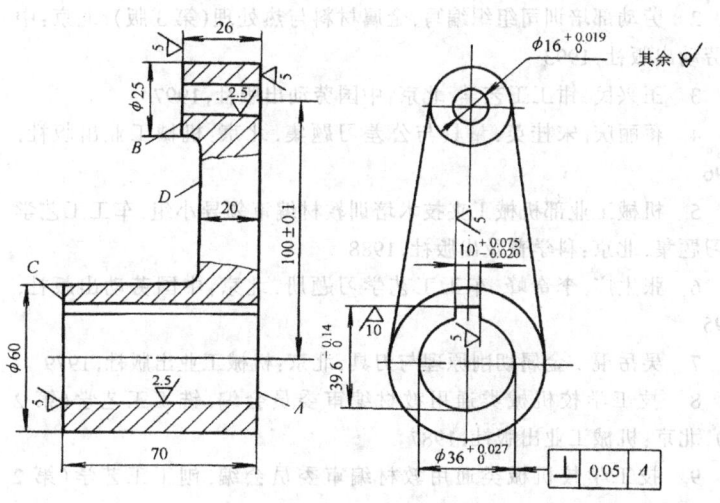

图 9-7

(六)计算题

1. 在立式钻床上用浮动夹头铰削 $\phi32^{+0.02}_{\ 0}$ 的孔,铰前为半精镗,半精镗的尺寸公差 T=0.10mm,表面粗糙度 $R_a = 0.02\mu m$,表面缺陷层深度为 0.030mm,试确定铰孔余量及镗孔工序尺寸。

2. 有一轴承盖,如图 9-8 所示。在加工过程中,怎样保证尺寸 $50^{\ 0}_{-0.1}$。

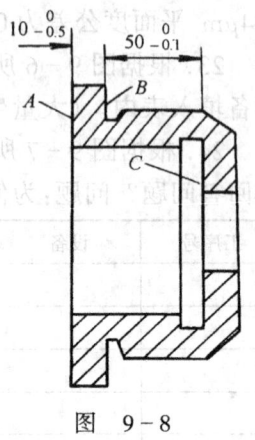

图 9-8

参 考 文 献

1 马幼祥.机械加工基础.北京:机械工业出版社,1996

2 劳动部培训司组织编写.金属材料与热处理(第3版).北京:中国劳动出版社,1993

3 王兴民.钳工工艺学.北京:中国劳动出版社,1997

4 蒋丽庆,宋桂英.量具与公差习题集.北京:机械工业出版社,1996

5 机械工业部机械工夹技术培训教材编审领导小组.车工工艺学复习题集.北京:科学普及出版社.1988

6 张生广,李奇峰.车工工艺学习题册.北京:中国劳动出版社,1995

7 吴岳琨.金属切削原理与刀具.北京:机械工业出版社,1979

8 技工学校机械类通用教材编审委员会编.铣工工艺学(第2版).北京:机械工业出版社,1987

9 技工学校机械类通用教材编审委员会编.刨工工艺学(第2版).北京:机械工业出版社,1987

10 程益良.机械加工实习.北京:机械工业出版社,1993